"十四五"普通高等教育精品系列教材

· 山东省高等学校教学改革立项项目"地方本科院校'厚德明法、德法兼修'应用型法治人才培养体系的研究与实践"（2015M038）
· 山东省本科教学改革研究重点项目"地方本科高校应用型涉外法治人才培养的研究与实践"（Z2021306）
· 德州学院2022年"四新"研究与改革实践项目"应用型本科高校法学专业人才培养改革与实践研究"（2022SX02）
· 德州学院2021年度教材建设项目、德州学院2021年度教学改革项目

检察工作实务

▶ 主　编◎徐世慧

▶ 副主编◎孙晓鹏　任建华　王亚可

西南财经大学出版社

中国·成都

图书在版编目(CIP)数据

检察工作实务/徐世慧主编;孙晓鹏,任建华,王亚可副主编.--成都:西南财经大学出版社,2025.3.--ISBN 978-7-5504-6526-8

Ⅰ.D926.3

中国国家版本馆 CIP 数据核字第 2024R813Y7 号

检察工作实务

JIANCHA GONGZUO SHIWU

主　编　徐世慧

副主编　孙晓鹏　任建华　王亚可

策划编辑:孙　婧

责任编辑:王　利

助理编辑:余　扬

责任校对:李晓嵩

封面设计:墨创文化

责任印制:朱曼丽

出版发行	西南财经大学出版社(四川省成都市光华村街55号)
网　　址	http://cbs.swufe.edu.cn
电子邮件	bookcj@swufe.edu.cn
邮政编码	610074
电　　话	028-87353785
照　　排	四川胜翔数码印务设计有限公司
印　　刷	郫县犀浦印刷厂
成品尺寸	185 mm×260 mm
印　　张	11.875
字　　数	218 千字
版　　次	2025 年 3 月第 1 版
印　　次	2025 年 3 月第 1 次印刷
印　　数	1— 1000 册
书　　号	ISBN 978-7-5504-6526-8
定　　价	48.00 元

序

随着全面依法治国的深入推进，立足新时代，适应新要求，培养同党和国家事业发展要求相适应、同人民群众期待相契合、同我国综合国力和国际地位相匹配的法治人才是高校法学教育的首要任务。

王利民教授指出"法学是一门实践之学，而不是关在象牙塔研究的学问"。法学教育要处理好知识教学和实践教学的关系，必须坚持实践教学，重视司法实践，要充分发挥政府部门、法院、检察院、律师事务所、企业等在法治人才培养中的协同育人作用，防止法学教育与实务脱节，使法治人才培养在理论与实践中进行。

不可否认，"教材是学生的世界"。法学教育要坚持实践导向，必须不断完善课程教学和实践教学体系，加大实践课程建设，以优秀的、生动的、紧贴学生实际和法律实践的教材作为法学实践教学的重要抓手和载体，为学生打造一座通向法律事务的实践桥梁。

为此，德州学院法学院立足现实要求，把握时代脉搏，以法律实务课程群建设为牵引，开启法学实践教学改革的新征程。法律实务课程群是建立在法学专业学科及现行法律法规基础上的应用课程集合，是面向未来法律人开设的创业训练型课程，它以审判、检察、辩护等工作实务为依托，主要涉及实体法中的民法、刑法、经济法、行政法等，程序法中的民事诉讼法、刑事诉讼法、行政诉讼法、仲裁法等方面的内容。编著《检察工作实务》是法律实务课程群建设的重要环节。

德州学院法学院通过与德州市检察院开展院校合作，实现了资源共享、资料共享、互通有无，形成了常态化实践教学的合作机制，在此基础上，在检察人员的共同参与下，成立了《检察工作实务》教材编写组。

本课程以学生为主体，从培养学生自学能力的角度出发，通过案例分析、图片展示、法规呈现等编写方法，使学生在做中学，理论联系实际，学以致用，且便于学生根据个人的学习情况自行安排阅读与练习，以强化实践能力的训练与培养。本课程有四个特点：

一是内容新、业务实。按照最新检察内设机构改革后全国检察机关"四大检察""十大业务"新的职能定位编写，贴近检察实际，力求所涉及的检察业务翔实、规范。

二是符合学生特点。符合大学本科法学专业学生的特点，符合其认知规律，有利于学生思考和训练。

三是实用性。以检察工作实践为出发点和落脚点，通过深入检察机关掌握一手工作资料，让学生能有真实的检察工作感受和检察环境认知。

四是突出法律能力训练。通过案例教学、创设情境、任务驱动，侧重法律思维和法律运用能力训练，着力培养学生综合素质能力。

法律实践永无止境，教育探索永无止境。相信在实践教学理念的指导下，在法学教育者、司法工作人员的共同努力下，学生理论与实践的学习桥梁必将逐步形成，这样本书也算是为我国法治人才培养尽绵薄之力了。

徐世慧

2024 年 10 月

目　　录

第一章
中国特色检察制度及检察机关职能

【学习目标】

了解中国检察制度的发展历程；

掌握检察机关的职能。

【重点和难点】

了解和掌握检察改革的新制度；

了解最高人民检察院及各级人民检察院的职能。

第一节　中国特色检察制度

在过去 50 年里，检察机构和检察体系经历了从无所作为到深度改革、持续优化的发展过程。回顾检察机构和中国检察体系的发展历史，对更好地了解掌握检察机关的职能定位具有极其重要的意义。

一、人民检察制度的初创与中断[①]

（一）人民检察制度的初创

1949 年 6 月 23 日，在新中国政治协商会议筹备会第一次会议上，中央政治局委员、法学家董必武提出，以最高人民检察署作为最高检察机关的构想，检察机关

[①] 何勤华，曹诗腾. 人民检察制度的发展历程 [J]. 人民检察，2018（20）：24-30.

的设立从此拉开序幕。1949 年 9 月 27 日，中国人民政治协商会议第一次会议通过了《中华人民共和国中央人民政府组织法》，其中第二十八条明确规定"最高人民检察署对政府机关、公务人员和全国国民之严格遵守法律，负最高的检察责任"。1949 年 10 月 1 日，时任中央人民政府主席的毛泽东签署中央人民政府任命通知书，任命罗荣桓为第一任最高人民检察署检察长。1949 年 10 月 22 日，最高人民检察署挂牌，新中国检察制度正式建立。

从 1949 年开始，我国先后出台了《中央人民政府最高人民检察署试行组织条例》《各级地方人民检察署组织通则》和《中央人民政府最高人民检察署暂行组织条例》等法律。到了 1954 年，第一届全国人民代表大会通过了宪法、全国人民代表大会组织法、地方各级人民代表大会和地方各级人民委员会组织法、人民检察院组织法，最高人民检察署改名为最高人民检察院，并在宪法中确立了其法律地位，人民检察制度在立法层面上初步完善。

到 1950 年年底，最高人民检察署分别在东北、西北、华东、中南、西南五大行政区设置了分署，到 1955 年，各地方和最高人民检察院铁路水上运输检察院、军事检察院也相继成立，检察组织体系基本健全。

各级检察院成立后，检察职能开始发挥。据 1957 年最高人民检察院时任检察长张鼎丞在全国人民代表大会第四次会议上的工作报告，到 1956 年年底，所有地方性的检察院都已全面承担了审查批准逮捕工作和审查起诉工作，在审判监督工作方面也卓有成果，如发现法院判决不当并按照上诉程序和监督程序提出抗议的案件就有 2 700 件；关于刑事判决执行工作监督和监所劳改监督工作也在不断完善和深入。

（二）人民检察制度的中断

人民检察制度在初创时期的经历比较坎坷。早在 1951 年，在精减国家机构的编制会议上，裁撤检察机关就被纳入议题。随着反右倾斗争扩大化和"大跃进"等一系列政治运动的开展，1957 年、1958 年检察机关的工作受到很大冲击。1960 年，公安部、最高人民法院、最高人民检察院实行合署办公，最高人民检察院仅保留二三十人。1961 年，在刘少奇和彭真等领导人的努力支持下，检察机关的工作得到短暂恢复。1966 年，"文化大革命"爆发，全国的各级检察机关都受到了不同程度的冲击。1968 年，中央通过了《关于撤销高检院、内务部、内务办三个单位，公安部、高法院留下少数人的请示报告》，检察机关被撤销。1975 年，第二部《中华人民共和国宪法》在第四届全国人民代表大会第一次会议上通过，其第二十五条明确了"检察机关的职权由各级公安机关行使"，标志着当时人民检察制度的彻底废除，人民检察制度就此中断。

二、人民检察制度的恢复与重建①

1976年，"四人帮"被粉碎，"文化大革命"结束，社会秩序开始恢复，检察机关开始逐步恢复重建。1978年3月5日，第五届全国人民代表大会第一次会议通过了修改后的宪法。时任全国人大常委会委员长叶剑英，在《关于修改宪法的报告》中指出了恢复检察机关的必要性。自此，人民检察制度进入恢复重建时期。

在法治领域方面，1978年和1982年宪法相继规定了重新设立检察机关，并确立了其作为国家法律监督机关的地位，从而恢复了检察机关和人民检察制度在宪法层面的地位。1979年第五届全国人民代表大会第二次会议通过了人民检察院组织法，首次明确规定了我国检察机关的性质为国家的法律监督机关，并确定了双重领导体制，各级检察机关受同级人民代表大会及其常委会和上级检察机关领导。在不同领域的立法中，如1979年的刑事诉讼法和1982年的民事诉讼法等，明确了检察机关的审查起诉、公诉和法律监督职能。立法的完善有力推动了人民检察制度的恢复和建设。

自1978年的6月1日起，最高人民检察院恢复办公，各项检察业务得以快速推进。1980年1月至9月，全国24个省、自治区、直辖市的检察机关先后受理案件一万多起，其中包括贪污、渎职、侵犯公民民主权利等各种刑事案件，办结七千多起，充分体现了检察机关的重要作用和办案能力。随后，检察机关成功办理了一大批有影响力的大案要案，完成对林彪、江青反革命集团的公诉，处理了渤海2号钻井船翻沉案件、吉林松树镇煤矿瓦斯爆炸案件等重大责任事故案件。虽然当时的条件较为艰苦，但是全国检察机关的工作和职能发挥都在迅速、有序推进。

与此同时，检察机关的机构设置不断健全。中国人民解放军军事检察院和所属各级军事检察院于1979年恢复设立并运行，全国铁路运输检察院及所辖分院于1982年5月恢复设立并开始办公。检察机关的管理制度不断恢复完善，1980年，最高人民检察院先后颁布了《人民检察院检察委员会组织条例》《人民检察院刑事检察工作试行细则》等制度规范，极大提升了检察工作的规范性。

此外，检察理论研究的恢复、发展为检察工作的恢复发展提供了很好的理论支撑。1979年6月20日，检察理论研究的重要阵地——最高人民检察院的业务期刊《人民检察》复刊，为全国检察机关理论研究提供了平台。国内法学专家、学者也开始加强对人民检察制度的研究，王桂五所著的《人民检察制度概论》就很有学术

3

---

① 何勤华，张进德. 中国检察制度三十年［J］. 国家检察官学院学报，2008（4）：3-13.

价值和指导意义，呈现理论与实践相互促进的生动局面。

这个时期，人民检察制度的恢复和发展依旧比较粗犷且依赖性较强，重点开展检察机关属性、基本职权、机构体系等宏观层面的制度建设，各方面还不够完善深化，在一定程度上还依赖宪法等的引导，这也符合发展规律。值得肯定的是，在恢复重建的这个过程中，人民检察制度没有因循守旧、墨守成规，而是更加注重守正创新，出现了不少新的突破和亮点，如最高人民检察院设置信访厅，即后来的控告申诉检察厅，一方面方便了人民群众向检察机关反映情况、检举揭发犯罪，另一方面促使检察机关接受人民监督、深入人民群众开展工作，是检察机关践行司法为民宗旨的生动体现。

三、人民检察制度的稳固发展和改革创新①

1988 年至 2008 年，是人民检察制度稳固发展和改革创新的重要时期，在这个阶段，人民检察制度不断发展完善，各级检察机关的机构设置和管理制度不断科学化，理论与实践的经验不断积累，同时，全国检察机关在改革过程中不断探索发展了新的制度机制，推动了检察工作的创新发展。

（一）人民检察制度的稳固发展

自 1988 年起，人民检察制度进入稳固发展的历史时期。机构设置朝着科学化方向发展。1988 年，最高人民检察院开始对内部机构设置进行系统地更名、细分和调整。1989 年 1 月 10 日，最高人民检察院举报中心成立，1990 年，经中央组织部批复，成立最高人民检察院政治部。

这一时期，发生了人民检察制度历史上具有里程碑意义的事件——反贪污贿赂总局成立。贪污贿赂罪案举报中心于 1988 年 3 月由广东省深圳市检察院首创，随后，在 1989 年，最高人民检察院经济检察厅改为贪污贿赂检察厅，同年，反贪污贿赂工作局在广东省人民检察院率先成立，到 1995 年 11 月，最高人民检察院反贪污贿赂总局成立，通过循序渐进、自下而上的发展历程，反贪污贿赂职能在检察机关中不断明确、突出，使检察机关对贪污贿赂犯罪的侦查步入了更加专门化、正规化的轨道。

这一时期，随着各类法律和文件的出台，检察机关的内部人员管理制度和工作机制建设也更为科学化、正规化。1989 年，最高人民检察院颁布施行"八要八不准"的《检察人员纪律（试行）》，创造性建立特约检察员制度，不断强化和规范检

① 王桂五. 中华人民共和国检察制度研究［M］. 北京：中国检察出版社，2008.

察人员的纪律约束。1995 年 2 月，《中华人民共和国检察官法》经第八届全国人民代表大会常务委员会第十二次会议审议通过，以法律的形式全面详尽规定了检察官的职责、权利义务、任免、考核等内容，明确了更为科学合理的检察官考核制度、培训制度。

（二）人民检察制度的改革创新

从 1998 年到 2008 年，人民检察制度在稳固发展中不断改革创新，其中具有显著成效的创新制度机制有：

（1）主诉检察官办案责任制。1999 年，最高人民检察院明确了"推行主诉检察官制度，健全执法办案责任制"的改革方向，于 2000 年先后颁布了《关于在审查起诉部门全面推行主诉检察官办案责任制的工作方案》和《关于在检察机关侦查部门开展主办检察官办案责任制试点工作的意见》，在全国各级检察机关施行主诉检察官办案责任制。主诉检察官办案责任制的推行具有重要意义，一方面，明确了全国各级检察机关的公诉职能，推动了公诉人员司法理念的转变，有效减少了案件审批环节，进一步提高了检察机关的办案效率。另一方面，实施主诉检察官办案责任制，有效地将公诉人员从烦琐的行政事务和职务中解放出来，专心致志主攻业务，为锻造业务能力强、专业素质高的公诉队伍发挥了积极作用。权责不统一等问题是该制度需要改革完善的重点①。

（2）检务公开制度。最高人民检察院于 1999 年起，大力推行检务公开制度，先后颁布了《人民检察院"检务公开"具体实施办法》《人民检察院刑事申诉案件公开审查程序规定（试行）》《人民检察院办理不起诉案件公开审查规则（试行）》《关于进一步深化人民检察院"检务公开"的意见》，建立完善了检察工作情况通报制度、刑事申诉案件公开审查制度、民事行政抗诉案件公开审查制度、申诉案件公开审查制度，明确了检察人员任职回避和公务回避、检察机关保障律师在刑事诉讼中依法执业、适用简易程序审理公诉案件的程序、国家刑事赔偿等内容，促进社会各界和人民群众对检察活动有效监督，有效确保了检察权"在阳光下运行"。

（3）保障刑事诉讼犯罪嫌疑人权利机制。为解决超期羁押这个突出问题，2001年至2003年，最高人民检察院先后颁布了《最高人民检察院关于进一步清理和纠正案件超期羁押问题的通知》《最高人民检察院关于在检察工作中防止和纠正超期羁押的若干规定》，建立和完善了预防、纠正超期羁押的制度机制。2006 年 12 月，最高人民检察院出台《人民检察院讯问职务犯罪嫌疑人实行全程同步录音录像技术工

① 肖萍. 关于深化主诉检察官办案责任制改革的调研报告：以广东省检察机关的试点为例［J］. 人民检察，2007（12）：52-55.

作流程（试行）》和《人民检察院讯问职务犯罪嫌疑人实行全程同步录音录像系统建设规范（试行）》，明确了对职务犯罪嫌疑人讯问实行全程同步录音录像，并推动了全程同步录音录像制度写入刑事诉讼法。全程同步录音录像在保证证据取得合法性的同时，有利于防止刑讯逼供等非法获取口供情况的发生，能够有效保障犯罪嫌疑人的合法权利，避免冤假错案的产生。

（4）检务督察制度。这一时期的检察机关不断探索管理和监督机制的创新，在改革发展人事管理制度的同时，探索建立了检务督察制度。2007年最高人民检察院通过《最高人民检察院检务督察工作暂行规定》，明确了设立检务督察委员会和检务督察室，负责督察工作，并推动检务督察制度在全国各级检察机关中建立。检务督察部门负责对检察机关内部执行法律、法规和上级检察院规定、决定的情况进行督察，承担检察官惩戒、内部审计等工作，是检察机关完善内部监督管理的重要部门。

四、人民检察制度的深化改革①

2008年以来，我国社会主义法治建设进入新的历史时期，党的十七大、十八大报告都提出了深化司法体制改革，并将其作为法治国家建设的重要抓手。2014年10月，党的十八届四中全会通过《中共中央关于全面推进依法治国若干重大问题的决定》，2017年10月，党的十九大报告提出"深化司法体制综合配套改革"，自上而下的司法体制改革全面启动。检察机关坚决贯彻落实党中央关于深化改革的部署要求，进一步完善人民检察制度。

（一）检察机关管理制度和工作机制的不断改革完善

（1）检察官员额制改革。司法机关的员额制改革是指将司法机关工作人员分成三类：第一类为员额法官、员额检察官；第二类为司法辅助人员，包括法官助理、检察官助理、司法警察等；第三类为行政管理人员。员额制改革的主要目的在于缩减现有的法官、检察官人数规模，提高法官、检察官的入职门槛，突出其办案主体地位，培养能够胜任办案主体角色和任务的办案团队，打造精英司法队伍。2015年，依据中央全面深化改革领导小组《关于司法体制改革试点若干问题的框架意见》，最高人民检察院修订了《关于深化检察改革的意见（2013—2017年工作规划）》，明确了建立检察官员额制度和制定配套措施的要求，并在部分省市开展检察官员额制度的试点工作。2018年，检察官员额制在全国范围内施行，经过严格的考

---

① 万毅. 检察改革"三题"［J］. 人民检察，2015（5）：59-63.

试、选拔程序，全国各级检察机关中原有的 16 万名检察官中有 8.7 万名被遴选为员额检察官，约占编制总数的 30%～39%，配置于办案一线，检察官、检察辅助人员、司法行政人员分类管理格局正式形成。

（2）检察官责任制度改革。深化司法体制改革的一项重要内容和目的是进一步完善检察官办案责任制。2013 年，最高人民检察院颁布了《检察官办案责任制改革试点方案》。在《检察官办案责任制改革试点方案》中，进一步明确，检察官责任制改革的重点为落实和强化检察官司法责任，完善主任检察官办案责任制，厘清主任检察官与检察委员会成员权责，完善办案责任体系；改革的主要内容为在办案部门设主任检察官作为办案组织的负责人，对案件办理负主要责任，配备其他检察官和辅助人员，组成办案组织。改革突出主任检察官办案的主体地位，赋予其在办案过程中更大的决定权，同时明确了其办案责任以及和检察委员会其他人员的权责关系，构建了较为完善的明责尽责追责的责任体系。

（二）一系列新的制度机制的探索改革和建立

在持续深化改革的同时，检察机关持续加强制度探索与创新。

（1）公益诉讼检察的探索深化。针对经济快速发展带来的生态环境破坏、资源浪费、无视食品药品安全侵害消费者合法权益等损害国家利益和社会公共利益的行为，在法律无法及时介入时，谁来维护社会公共利益和国家利益？这需要在制度上加以完善。2012 年，新修订的《中华人民共和国民事诉讼法》第五十五条规定，法律规定的机关和有关组织，可以就一些损害社会公共利益的组织向法院提起诉讼。该规定正式确定了公益诉讼的法律地位，但此时并未对公益诉讼的案件范围、原告资格等具体问题予以明确。2015 年，全国人大常委会授权，批准最高人民检察院在部分地区开展公益诉讼试点工作，随后，最高人民检察院颁布《人民检察院提起公益诉讼试点工作实施办法》，启动试点工作。依据该实施办法，相关损害社会公共利益的行为，在没有适格主体或者适格主体不提起诉讼的情况下，检察机关可以向法院提起公益诉讼。之后，随着法律的不断修订补充，公益诉讼检察办案领域不断拓展，由最初的生态环境和资源保护、食品药品安全、国有财产保护、国有土地使用权出让四个领域，扩展到英烈权益保护、未成年人保护、妇女权益保障、反垄断、个人信息保护等领域，并继续向无障碍环境建设、文物保护等新领域拓展，初步建立起"4+N"的公益保护格局，对公益保护的范围越来越全面，公益诉讼制度在实践中不断地健全完善①。

① 法治日报-法治网. 最高检：公益诉讼检察法定领域形成"4+N"新格局［EB/OL］.（2023-03-01）［2024-09-18］. http://www.legaldaily.com.cn/newzt/content/2023-03/01/content_8827129.html.

（2）刑事案件速裁程序（以下简称"速裁程序"）与认罪认罚从宽制度的探索。2015 年，最高人民检察院依据全国人大授权和党的十八届四中全会《中共中央关于全面推进依法治国若干重大问题的决定》，修改《关于深化检察改革的意见（2013—2017 年工作规划）》，在全国部分地区开展刑事案件速裁程序试点，推动认罪认罚从宽制度，健全认罪与不认罪案件分流机制。认罪认罚从宽制度，是指在刑事案件的审查逮捕、审查起诉环节，如果犯罪嫌疑人能够自愿认罪并接受处罚，检察机关在向法院提出量刑建议时，可以建议法院给予被告人一定幅度的刑罚减免。速裁程序和认罪认罚从宽制度在坚持以"事实为依据，以法律为准绳"的客观准确治罪原则的同时，也贯彻了宽严相济的刑事政策，在推动诉讼更加快捷顺畅、提高司法机关办案效率、保护犯罪嫌疑人合法权利、减轻当事人诉累等方面作用明显。

（3）未成年人刑事检察制度的发展与完善。改革开放以来，检察机关通过不断深化完善未成年人刑事检察制度，强化对未成年人的司法保护。自 2006 年起，最高人民检察院先后颁布了《人民检察院办理未成年人刑事案件的规定》《最高人民检察院关于进一步加强未成年人刑事检察工作的决定》《未成年人刑事检察工作指引（试行）》，设置未成年人刑事检察工作部门，明确建立健全社会调查报告制度、法定代理人、合适成年人到场制度、亲情会见制度、分案起诉制度、未成年人犯罪记录封存制度和快速办理机制等一系列着重保护未成年人诉讼权利、教育感化未成年犯罪人的工作制度，为有效保护未成年人的合法权益提供了制度保障。

（三）检察监督体系的探索完善。

在刑事检察监督方面，法律规定相对比较完善，先后纠正了"聂树斌案""呼格案"等一系列具有影响力的冤假错案，完善了刑事申诉案件异地审查等制度，开展对监狱、看守所、社区矫正的巡回检察，注重发现刑罚执行和监管执法活动中的深层次问题，加强减刑、假释案件实质化审查，既监督"纸面服刑""提前出狱"，又防止"该减不减""该放不放"。

在民事检察监督方面，依据 2012 年修改后的《中华人民共和国民事诉讼法》第二百三十五条规定"人民检察院有权对民事执行活动实行法律监督"，检察机关通过抗诉、检察建议、调查核实等手段，加强了对人民法院民事案件的审判过程、执行过程以及裁判结果的监督，同时强化了对虚假仲裁、虚假公证的监督，健全了多渠道监督和防控机制。

在行政检察监督方面，体系建设在不断地深化。2016 年，最高人民检察院颁布了《人民检察院行政诉讼监督规则（试行）》，将行政诉讼监督同民事诉讼监督相区分，明确了行政诉讼监督的独立性，2014 年，党的十八届四中全会通过的《中共中央关于全面推进依法治国若干重大问题的决定》，明确提出检察机关应当督促纠正履行职责中发现的行政机关违法行为。2021 年 6 月，《中共中央关于加强新时代检察机关法律监督工作的意见》中明确，全面深化行政检察监督，检察机关依法履行对行政诉讼活动的法律监督职能，推进行政机关依法履职，维护行政相对人合法权益；在履行法律监督职责中发现行政机关违法行使职权或者不行使职权的，可以依照法律规定制发检察建议等督促其纠正；在履行法律监督职责中开展行政争议实质性化解工作，促进案结事了。

（四）三个历史性"第一次"，新时代党和人民赋予检察机关的更重责任①

2021 年 6 月，党中央在党的百年历程中第一次专门印发《中共中央关于加强新时代检察机关法律监督工作的意见》，从四个方面对检察机关作出了明确定位，即人民检察院是国家的法律监督机关，是保障国家法律统一正确实施的司法机关，是保护国家利益和社会公共利益的重要力量，是国家监督体系的重要组成部分。这是党中央站在全面依法治国新的历史方位的精准判断，也是对检察机关职能定位的最新概括。党的二十大报告通篇贯穿着法治思维、法治精神，在历届党的全国代表大会报告中，第一次专章部署"坚持全面依法治国，推进法治中国建设"，第一次专门强调"加强检察机关法律监督工作""完善公益诉讼制度"，短短两年内，检察机关就迎来了九十多年来人民检察史上的三个历史性"第一次"，充分彰显了以习近平同志为核心的党中央对法治建设、检察工作的高度重视和坚强领导，也赋予了新时代新征程检察工作更重的政治责任、法治责任和检察责任。

9

第二节　检察机关的职能

检察机关是代表国家行使检察权的司法机关，由同级人民代表大会产生，向人民代表大会负责并报告工作。它是中华人民共和国国家法律监督机关。其主要职责是追究刑事责任，提起公诉和实施法律监督，中华人民共和国设立最高人民检察院、地方各级人民检察院和军事检察院等专门检察院。

一、检察机关的主要职责

负责对法律规定由人民检察院办理的普通、重大刑事案件、职务犯罪案件、破

---

① 张军. 深入学习贯彻党的二十大精神为全面建设社会主义现代化国家贡献检察力量［J］. 民主与法制，2022（42）：24-31.

坏社会主义市场经济秩序犯罪案件的审查逮捕、审查起诉、出庭支持公诉、抗诉，开展相关立案监督、侦查监督、审判监督以及相关案件的补充侦查等工作。办理相关刑事申诉案件。

负责办理向人民检察院申请监督和提请抗诉的行政案件的审查、抗诉等工作。承办对人民法院行政诉讼活动的法律监督，对审判监督程序以外的其他行政审判程序中审判人员的违法行为提出检察建议，对行政执行活动实行法律监督。办理人民检察院管辖的行政申诉案件。

负责办理法律规定由人民检察院办理的破坏生态环境和资源保护、食品药品安全领域侵害众多消费者合法权益等损害社会公共利益的民事公益诉讼案件，生态环境和资源保护、食品药品安全、国有财产保护、国有土地使用权出让等领域的行政公益诉讼案件，办理侵害英雄烈士姓名、肖像、名誉、荣誉的公益诉讼案件。负责对人民法院开庭审理的公益诉讼案件，派员出席法庭，依照有关规定提出检察建议。办理人民检察院管辖的公益诉讼申诉案件。

负责对监狱、看守所和社区矫正机构等执法活动的监督，对刑事判决、裁定执行、强制医疗执行、羁押和办案期限的监督。负责羁押必要性审查等工作。办理罪犯又犯罪案件。负责对法律规定由人民检察院办理的司法工作人员利用职权实施的非法拘禁、刑讯逼供、非法搜查等侵犯公民权利、损害司法公正犯罪，以及按照《中华人民共和国刑事诉讼法》规定需要由人民检察院直接受理的其他重大犯罪案件的侦查。

负责办理向人民检察院申请监督和提请抗诉的民事案件的审查、抗诉等工作。承办对人民法院民事诉讼活动的法律监督，对审判监督程序以外的其他民事审判程序中审判人员的违法行为提出检察建议，对民事执行活动实行法律监督。开展民事支持起诉工作。办理人民检察院管辖的民事申诉案件。

负责对法律规定由人民检察院办理的未成年人犯罪和侵害未成年人犯罪案件的审查逮捕、审查起诉、出庭支持公诉、抗诉，开展相关立案监督、侦查监督、审判监督以及相关案件的补充侦查等工作。开展未成年人司法保护和预防未成年人犯罪工作。

负责受理向人民检察院的控告和申诉。承办人民检察院管辖的国家赔偿案件和国家司法救助案件。

二、检察业务主要内容

检察机关的主要工作可以概括为"四大检察""十大业务"。近年来，最高人民检察院以内设机构改革为突破口，提出刑事检察、民事检察、行政检察、公益诉讼检察"四大检察"全面协调充分发展的目标。2019 年 3 月 15 日，十三届全国人大二次会议审议通过关于最高人民检察院工作报告的决议，将四大检察职能写入决议内容。围绕四大检察职能发挥，最高人民检察院设立第一到第十检察厅，按照案件类型重新组建专业化刑事办案机构，分别设立第一检察厅（普通犯罪检察厅）、第二检察厅（重大犯罪检察厅）、第三检察厅（职务犯罪检察厅）、第四检察厅（经济犯罪检察厅），实行捕诉一体办案机制。将司法工作人员利用职权实施的非法拘禁、刑讯逼供、非法搜查等十四个罪名案件的侦查职责划入负责刑事执行检察工作的第五检察厅（刑事执行检察厅）。设立分别负责民事检察、行政检察工作的第六检察厅（民事检察厅）和第七检察厅（行政检察厅），专设负责公益诉讼检察的第八检察厅（公益诉讼检察厅）、负责未成年人检察工作的第九检察厅（未成年人检察厅），将控告检察厅、申诉检察厅合并设立第十检察厅（控告申诉检察厅），确立了"十大业务"板块。

第二章
普通刑事犯罪检察

【学习目标】

掌握普通刑事犯罪检察的概念；

了解普通刑事犯罪检察的办案流程；

了解普通刑事犯罪检察的重点及发展方向。

【重点和难点】

了解并掌握认罪认罚制度的概念及适用条件；

了解扫黑除恶的基本知识；

了解并掌握正当防卫的概念及适用条件。

【案例导入】

2010 年 6 月 13 日 14 时 46 分，被告人卫某带领四川来大连的旅游团用完午餐后，对四川导游李某说自己可以让飞机停留半小时，遂用手机拨打大连周水子国际机场问询处电话，询问 3U8814 航班起飞时间后，告诉接电话的机场工作人员说"飞机上有两名恐怖分子，注意安全"。大连周水子国际机场接到电话后，立即启动防恐预案，将飞机安排到隔离机位，组织公安、安检对飞机客、货舱清仓，对每位出港旅客资料核对确认排查，查看安检现场录像，确认没有可疑问题后，当日 19 时 33 分，3U8814 航班飞机起飞，晚点 33 分钟。

2010 年 6 月 13 日，卫某因涉嫌编造虚假恐怖信息罪被大连市公安局机场分局刑事拘留，6 月 25 日被逮捕，8 月 12 日侦查终结移送大连市甘井子区人民检察院审查起诉。2010 年 9 月 20 日，甘井子区人民检察院以被告人卫某涉嫌编造虚假恐怖信息罪向甘井子区人民法院提起公诉。2010 年 10 月 11 日，甘井子区人民法院作出一审判决，认为被告人卫某故意编造虚假恐怖信息，严重扰乱社会秩序，其行为已构成编造虚假恐怖信息罪；鉴于被告人卫某自愿认罪，可酌情从轻处罚，依照《中华人民共和国刑法》第二百九十一条规定，判决被告人卫某犯编造虚假恐怖信息罪，判处有期徒刑一年六个月。一审判决后，被告人卫某在法定期限内未上诉，检察机关也未提出抗诉，一审判决发生法律效力。（案例来源：检例第 10 号）

请思考，检察机关在这起案件的审查、起诉、判决等环节中如何发挥作用？

第一节　普通犯罪检察的概念与内涵

一、基本内容

负责办理除重大刑事犯罪、职务犯罪、经济犯罪案件以外的普通刑事犯罪案件。

普通刑事案件的审查逮捕、审查起诉、出庭支持公诉、抗诉，开展相关立案监督、侦查监督、审判监督以及相关案件的补充侦查；办理相关刑事申诉案件，并负责本部门管辖案件的业务指导。虽然名为普通刑事犯罪，但"普通犯罪并不普通"管辖罪名共有 177 个，办理的案件数量占到检察机关办理刑事案件的一半以上，包括故意伤害、非法拘禁、盗窃、诈骗、敲诈勒索等，还有污染环境、网络新型犯罪等民众关注度高的犯罪。同时密切关联扫黑除恶斗争与牵头认罪认罚从宽制度适用。

特点：管辖罪名多、案件数量多、牵头工作多。

二、办案流程

1. 审查逮捕流程图

普通刑事案件审查逮捕流程如图 2-1 所示。

2. 审查起诉流程图

普通刑事案件审查起诉流程如图 2-2 所示。

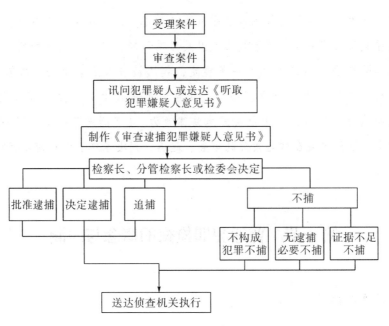

图 2-1　审查逮捕流程

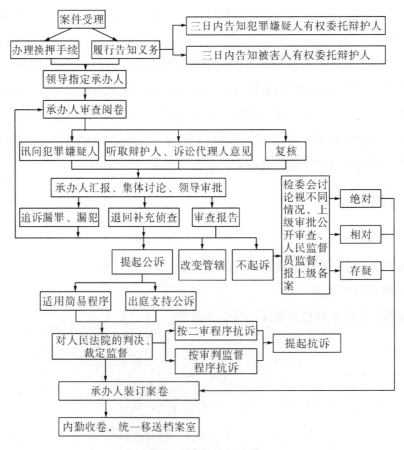

图 2-2　审查起诉流程

检/察/工/作/实/务

第二节　认罪认罚从宽制度

一、基本内涵

认罪认罚从宽是指犯罪嫌疑人、被告人自愿如实供述自己的犯罪，对于指控犯罪事实没有异议，同意检察机关的量刑建议并签署具结书的案件，可以依法从宽处理。

认罪：指犯罪嫌疑人、被告人自愿如实供述自己的罪行，对指控的犯罪事实没有异议。

认罚：指犯罪嫌疑人、被告人真诚悔罪，愿意接受惩罚。

从宽处理：包括实体上从宽处罚和程序上从简处理。

部分认罪：对犯数罪仅认部分罪的，虽然全案不适用认罪认罚从宽制度，但在其认罪的范围内，体现宽严相济，可以给予从宽处理；对共同犯罪中部分被追诉人如实供述、承认指控犯罪事实的，对此部分被追诉人应当认定为"认罪"，可以从宽处理。

量刑建议：指人民检察院对提起公诉的被告人向人民法院提出应判处刑罚种类和刑期的建议。根据刑事诉讼法规定，犯罪嫌疑人认罪认罚的，人民法院应当就主刑、附加刑、是否适用缓刑等提出量刑建议。

认罪认罚具结书：指在适用认罪认罚从宽制度的案件中，犯罪嫌疑人自愿认罪，同意人民检察院提出的量刑建议和程序适用，在辩护人或者值班律师在场的情况下签署的法律文书。

二、意义价值

适用认罪认罚从宽制度，对准确及时惩罚犯罪、强化人权司法保障、推动刑事案件繁简分流、节约司法资源、化解社会矛盾、推动国家治理体系和治理能力现代化，具有重要意义。

三、相关法律文件及条文

1.《中华人民共和国刑事诉讼法》

第十五条　犯罪嫌疑人、被告人自愿如实供述自己的罪行，承认指控的犯罪事实，愿意接受处罚的，可以依法从宽处理。

第一百七十四条 犯罪嫌疑人自愿认罪，同意量刑建议和程序适用的，应当在辩护人或者值班律师在场的情况下签署认罪认罚具结书。

犯罪嫌疑人认罪认罚，有下列情形之一的，不需要签署认罪认罚具结书：

（一）犯罪嫌疑人是盲、聋、哑人，或者是尚未完全丧失辨认或者控制自己行为能力的精神病人的；

（二）未成年犯罪嫌疑人的法定代理人、辩护人对未成年人认罪认罚有异议的；

（三）其他不需要签署认罪认罚具结书的情形。

只要符合上述规定，对认罪认罚从宽制度适用罪名和可能判处的刑罚，法律没有限定，包括重罪案件、职务犯罪案件以及共同犯罪案件，只要认罪认罚的，均可以依法从宽处理。

2.《关于适用认罪认罚从宽制度的指导意见》

为正确实施刑事诉讼法新规定，精准适用认罪认罚从宽制度，确保严格公正司法，推动国家治理体系和治理能力现代化，最高人民法院、最高人民检察院会同公安部、国家安全部、司法部制定了《关于适用认罪认罚从宽制度的指导意见》，以刑法、刑事诉讼法的基本原则和宽严相济刑事政策为指导，坚持以问题为导向，对认罪认罚从宽制度的基本原则、适用范围和条件、从宽幅度、审前程序、量刑建议、审判程序、律师参与、当事人权益保障等作出了具体规定。

四、认罪认罚适用程序及流程

（一）三种适用程序

速裁程序：基层人民法院管辖的可能判处三年有期徒刑以下刑罚的案件，案件事实清楚，证据确实、充分，被告人认罪认罚并同意适用速裁程序的，可以适用速裁程序，由审判员一人独任审判。

人民检察院在提起公诉的时候，可以建议人民法院适用速裁程序。

符合速裁程序适用条件的，应当十日以内作出是否提起公诉的决定；对可能判处的有期徒刑超过一年的，可以延长至十五日。

适用速裁程序审理案件，人民法院应当在受理后十日以内审结；对可能判处的有期徒刑超过一年的，可以延长至十五日。

简易程序：符合下列条件的基层人民法院管辖的案件可以适用简易程序审判，案件事实清楚、证据充分的；被告人承认自己所犯罪行，对指控的犯罪事实没有异议的；被告人对适用简易程序没有异议的。

适用简易程序审理案件，人民法院应当在受理后二十日以内审结；对可能判处的有期徒刑超过三年的，可以延长至一个半月。

普通程序：适用普通程序审理案件要进行完整的开庭准备、法庭调查、法庭辩论等审理程序。法院一般应当在受理案件后二个月以内宣判，至迟不超过三个月。

（二）案件办理流程

认罪认罚案件办理流程如图2-3所示。

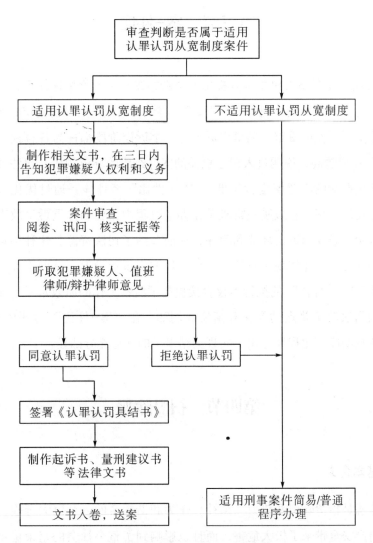

图2-3 认罪认罚案件办理流程

五、不适用的三种情形

从保障人权和确保司法公正角度，认罪认罚从宽制度对以下几类案件不适用：

一是犯罪嫌疑人、被告人是属于尚未完全丧失辨认或者控制自己行为能力的精神病人；

二是属于未成年人的犯罪嫌疑人和被告人，他们的代理人和辩护人对未成年人认罪认罚有异议的；

三是犯罪嫌疑人、被告人可能不构成犯罪，以及有其他不宜适用的情形。

第三节　案-件比

"案-件比"是最高人民检察院提出的全新办案质量评价指标体系，将案件当事人所经历的各诉讼阶段统一视为一个"案"，将该当事人先后经历的审查起诉、退回补查、二审上诉、发回重审、刑事申诉等每一个诉讼阶段都视为各自独立的"件"。"案-件比"比值越高，说明进入司法机关的案件经历的环节越多，司法资源浪费得越严重，人民群众的满意度也就越低。"案-件比"考评体系通过优化司法资源配置，提高了司法效率。它鼓励检察机关在办案过程中，更加注重诉讼效率和当事人的感受，减少不必要的诉讼环节和程序，从而节约了司法资源。这种优化不仅体现在对个案的处理上，还体现在对整个检察工作的宏观指导上，有助于推动检察工作的整体进步。"案-件比"的推行不仅直接提高了检察工作的质效水平，而且有效推动了一系列司法改革热点的深化和落实。例如，在"案-件比"考评体系环境下，认罪认罚从宽制度简化程序适用、实现案结事了的优势充分凸显。

第四节　扫黑除恶

一、基本含义

扫黑除恶是指清除黑恶势力。黑社会作为和谐社会的一个巨大毒瘤，不仅给人民的生命财产安全带来了极大危害，而且也影响到了整个社会的繁荣稳定，因此各地积极开展扫黑除恶专项行动，还社会安宁。

2018 年 1 月，中共中央、国务院发出《关于开展扫黑除恶专项斗争的通知》，全国扫黑除恶专项斗争将为期三年（2018—2020 年）。通过摸线索、打犯罪、挖保护伞、治源头、强组织这五项工作措施：在 2018 年，强态势，营造人人喊打氛围；

18

2019 年，攻案件，提升人民满意度；2020 年，建机制，取得压倒性胜利。

二、重要意义

在全国开展扫黑除恶专项斗争，是以习近平同志为核心的党中央作出的重大决策，事关社会大局稳定和国家长治久安，事关人心向背和基层政权巩固，事关进行伟大斗争、建设伟大工程、推进伟大事业、实现伟大梦想。

三、黑社会性质组织

黑社会性质组织是指组织、领导和积极参加以暴力、威胁或者其他手段，有组织地进行违法犯罪活动，称霸一方，为非作恶，欺压、残害群众，严重破坏经济、社会秩序的犯罪组织。黑社会性质组织是以暴力、威胁或者其他手段，试图在一定区域或行业内形成非法控制或重大影响，以达到获取垄断性经济利益的，有组织的犯罪涉黑团伙。其主要特征如下：

（1）组织特征：形成较稳定的犯罪组织，人数较多，有明确的组织者、领导者，骨干成员基本固定，并有比较明确的层级和职责分工。

（2）经济组织：有组织地通过违法犯罪活动或者其他手段获取经济利益，具有一定的经济实力，以支持该组织的活动。

（3）行为特征：以暴力、威胁或者其他手段，有组织地多次进行违法犯罪活动，为非作恶，欺压、残害群众。

（4）危害性特征：通过实施违法犯罪活动，或者利用国家工作人员的包庇或者纵容，称霸一方，在一定区域或者行业内，形成非法控制或者重大影响，严重破坏经济、社会生活秩序。危害性特征是黑社会性质组织犯罪的本质特征。

第五节　正当防卫

一、刑法规定

《中华人民共和国刑法》第二十条

为了使国家、公共利益、本人或者他人的人身、财产和其他权利免受正在进行的不法侵害，而采取的制止不法侵害的行为，对不法侵害人造成损害的，属于正当防卫，不负刑事责任。

正当防卫明显超过必要限度造成重大损害的，应当负刑事责任，但是应当减轻或者免除处罚。

对正在进行行凶、杀人、抢劫、强奸、绑架以及其他严重危及人身安全的暴力犯罪，采取防卫行为，造成不法侵害人伤亡的，不属于防卫过当，不负刑事责任。

二、构成要件①

（一）起因条件——不法侵害现实存在

正当防卫的起因必须是具有客观存在的不法侵害。"不法侵害"一般指法令所不允许的，其侵害行为构成犯罪的行为，也包括一些侵害人身，财产，破坏社会秩序的违法行为。对于精神病人所为的侵害行为，一般认为可实施正当防卫。但是并非针对所有的犯罪行为都可以进行正当防卫，例如贪污罪、渎职罪等不具有紧迫性和攻击性的犯罪，一般不适用正当防卫制度。不法侵害应是由人实施的，对于动物的加害动作予以反击，原则上系紧急避险而非正当防卫。不法侵害必须现实存在。如果防卫人误以为存在不法侵害，那么就构成假想防卫。假想防卫不属于正当防卫，如果其主观上存在过失，且刑法上对此行为规定了过失罪的，那么就构成犯罪，否则就是意外事件。

（二）时间条件——不法侵害正在进行

不法侵害正在进行的时候，才具有威胁性和紧迫性，因此可以使防卫行为具有合法性。不法侵害的开始时间，一般认为从不法侵害人开始着手实施侵害行为时开始，但是在不法侵害的现实威胁十分明显紧迫，且待其实施后将造成不可弥补的危害时，可以认为侵害行为已经开始。例如，恐怖分子在放置炸弹后，即使尚未引爆炸弹，但也构成不法侵害；为了杀人而侵入他人住宅的，即使尚未着手杀害行为，但也被视为不法侵害行为已经开始。不法侵害的结束时间——当合法权益不再处于紧迫现实的侵害威胁的时候，视为不法侵害已经结束。具体表现：不法侵害人被制服，丧失了侵害能力；主动中止侵害；已经逃离现场；已经无法造成危害结果且不可能继续造成更严重的后果。在财产性犯罪中，即使侵害行为已经构成既遂，但如果尚能及时挽回损失的，可以认为不法侵害尚未结束。例如，抢劫犯夺走他人财物，虽然抢劫罪已经完成，但是防卫人仍然可以当场施以暴力夺回财物，这也被视为正当防卫。在上述开始时间之前或者结束时间之后进行的防卫，属于防卫不适时。具体分为：事前防卫（事前加害）或者事后防卫（事后加害）。前者被俗称为"先下

---

① 陈国庆，万春，车浩. 普通犯罪检察业务［M］. 北京：中国检察出版社，2022：26.

手为强"。防卫不适时不属于正当防卫,有可能还会构成犯罪行为。正在进行或者诸多迹象表明将要实施危害的行为都可进行正当防卫[①]。

2020年9月3日,最高人民法院公布《最高人民法院 最高人民检察院 公安部关于依法适用正当防卫制度的指导意见》,对于正当防卫的时间,意见明确规定:"对于不法侵害是否已经开始或者结束,应当立足防卫人在防卫时所处情境,按照社会公众的一般认知,依法作出合乎情理的判断,不能苛求防卫人。"

(三)主观条件——具有防卫意识

正当防卫要求防卫人具有防卫认识和防卫意志。前者是指防卫人意识到不法侵害正在进行;后者是指防卫人出于保护合法权益的动机。防卫挑拨、相互斗殴、偶然防卫等都是不具有防卫意识的行为。防卫挑拨——为了侵害对方,故意引起对方对自己先行侵害,然后以正当防卫为由,对对方施以侵害。这被俗称为"激将法"。因行为人主观上早已具有犯罪意识,自不可能实施正当防卫。相互斗殴——双方都有侵害对方身体的意图。这种情况下,双方都没有防卫意识,因此不属于正当防卫,而有可能构成聚众斗殴、故意伤害等罪名。但是,在斗殴结束后,如果一方求饶或者逃走,另一方继续侵害,则有可能不构成正当防卫。偶然防卫——一方故意侵害他人的行为,偶然符合了防卫的其他条件。例如,甲正欲开车撞死乙,恰好乙正准备对丙实施抢劫,而且甲对乙的犯罪行为并不知情。这种情况下,甲不具有保护权益的主观意图,因此也不构成正当防卫。

(四)对象条件——针对侵害人防卫

正当防卫一般针对侵害人本人防卫。由于侵害是由侵害人本人造成的,因此只有针对其本身进行防卫,才能保护合法权益。即使在共同犯罪的情况下,也只能对正在进行不法侵害的人进行防卫,而不能对其没有实行侵害行为的同伙进行防卫。如针对第三人进行防卫,则有可能构成故意犯罪、假想防卫或紧急避险。此外,正当防卫也可以是对侵害人所带协助其伤害的对象实施。

(五)限度条件——没有明显超过必要限度

防卫行为必须在必要合理的限度内进行,否则就构成防卫过当。例如,甲欲对乙进行猥亵,乙的同伴丙见状将甲打倒在地,之后又用重物将甲打死。这就明显超过了正当防卫的必要限度。必须注意的是,并非超过必要限度的,都构成防卫过当,只有"明显"超过必要限度且造成重大损害的,才是防卫过当。针对严重危及人身安全的暴力犯罪所进行的防卫,不会构成防卫过当。例如,甲欲对乙实施强奸,乙

① 车浩. 正当防卫制度的理解与适用 [J]. 中国检察官, 2018 (18): 12-15.

即使在防卫中将甲打死，也仍然属于正当防卫的范围。

对正当防卫限度的把握可以从以下三个方面入手：

第一，不法侵害的强度。所谓不法侵害的强度，是指行为的性质、行为对客体已经造成的损害结果的轻重以及造成这种损害结果的手段、工具的性质和打击部位等因素的统一。对于不法侵害实行正当防卫，如果用轻于或相当于不法侵害的防卫强度不足以有效地制止不法侵害的，可以采取大于不法侵害的防卫强度。当然，如果大于不法侵害的防卫强度不是为制止不法侵害所必需，那就是超过了正当防卫的必要限度。

第二，不法侵害的缓急。这是指侵害的紧迫性，即不法侵害所形成的对国家、社会公共利益、本人或者他人的人身、财产等合法权利的危险程度。不法侵害的缓急对于认定防卫限度具有重要意义，尤其是在防卫强度大于侵害强度的情况下，确定该行为大于不法侵害的防卫强度是否为制止不法侵害所必需，更要以不法侵害的缓急等因素为标准。

第三，不法侵害的权益。不法侵害的权益，就是正当防卫保护的权益，它是决定必要限度的因素之一。为保护重大的权益而将不法侵害人杀死，可以认为是为制止不法侵害所必需的，因而没有超过正当防卫的必要限度；而为了保护轻微的权益，通过武力手段进行保护，造成了不法侵害人的重大伤亡，就可以认为是超过了必要限度。

正当防卫不负刑事责任，它的主要意义在于保障国家、公共利益、本人或他人的人身、财产和其他权利免受正在进行的不法侵害，鼓励公民和正在进行的不法侵害做斗争，震慑犯罪分子，使其不敢轻举妄动。可以说正当防卫不仅是免除正当防卫行为刑事责任的法律依据，而且是公民与正在进行的不法侵害做斗争的法律武器。正确认识正当防卫，了解正当防卫的构成条件，有利于公民大胆地运用正当防卫的法律武器同不法侵害做斗争。

三、正当防卫的否定情形

（1）打架斗殴中，任何一方对他人实施的暴力侵害行为。两人及多人打架斗殴，一方先动手，后动手的一方实施的所谓反击他人侵害行为的行为，不属于正当防卫。

（2）对假想中的不法侵害实施的所谓"正当防卫"行为。假想中的侵害行为就是自己靠想象力提出来的，正当防卫的不法侵害必须是在客观上确实存在，而不是主观想象的或者推测的。

（3）对尚未开始不法侵害行为的行为人实施的所谓"正当防卫"行为。

（4）对自动停止，或者已经实施终了的不法侵害的行为人实施的所谓"正当防卫"行为。

（5）不是针对正在进行的不法侵害者本人，而是无关的第三者的所谓"正当防卫"行为。

（6）不法侵害者已被制伏，或者已经丧失继续侵害能力时的所谓"正当防卫"行为。

（7）防卫挑拨式的所谓"正当防卫"行为。即为了侵害对方，故意挑衅他人向自己进攻，然后借口正当防卫加害对方。

（8）对精神病人或者无刑事责任能力的未成年人的侵害行为实施的所谓"正当防卫"行为。但是，如果采取正当防卫的人不知道正在实施侵害行为的是精神病人或者无刑事责任能力的未成年人，还是可以认定为正当防卫的。

（9）对合法行为采取的所谓"正当防卫"行为。公安人员依法逮捕、拘留犯罪嫌疑人等合法行为，嫌疑人不得以任何借口实行所谓的"正当防卫"。对紧急避险行为也不能实行正当防卫。

（10）起先是正当防卫，但后来明显超过必要限度造成重大损害的行为。此种行为，法律称为"防卫过当"，不属正当防卫的范畴（出现刑法第二十条第三款规定的情况例外）。

23

四、实践要义

检察机关在办理正当防卫案件时，要求以准确把握正当防卫立法精神和法定条件为基础，以弘扬社会正气为价值取向，积极发挥检察机关审查职能，及时采取释法说理、舆情应对措施，依法妥善办理涉及正当防卫的案件。

2019年，最高人民检察院在总结经验、充分论证的基础上，编写了《最高人民检察院第十二批指导性案例适用指引》一书，用以指导正当防卫的依法适用，解决正当防卫"不会适用"的问题，进行法治宣传，引领社会宣扬正气正义。

需要注意的是，正当防卫在适用过程中，要注意防卫界限和"度"的把握，"过"与"不及"均非司法之追求。故意引起对方侵害而趁机以"防卫"为借口侵害对方的"挑拨防卫"，侵害行为已经过去而实施报复的"事后防卫"等都不是刑法规定的正当防卫，这些行为可能构成犯罪，要承担刑事责任，因此，要坚持具体案件具体分析。

【典型案例一】

琚某忠盗窃案①
(检例第83号)

【关键词】

认罪认罚　无正当理由上诉　抗诉　取消从宽量刑

【要旨】

对于犯罪事实清楚,证据确实、充分,被告人自愿认罪认罚,一审法院采纳从宽量刑建议判决的案件,因被告人无正当理由上诉而不再具有认罪认罚从宽的条件,检察机关可以依法提出抗诉,建议法院取消因认罪认罚给予被告人的从宽量刑。

【基本案情】

被告人琚某忠,男,1985年11月生,浙江省常山县人,农民。

2017年11月16日下午,被告人琚某忠以爬窗入室的方式,潜入浙江省杭州市下城区某小区502室,盗取被害人张某、阮某某贵金属制品9件(共计价值人民币28 213元)、人民币400余元、港币600余元。案发后公安机关追回上述9件贵金属制品,并已发还被害人。

审查起诉期间,检察机关依法告知被告人琚某忠诉讼权利义务、认罪认罚的具体规定,向琚某忠核实案件事实和证据,并出示监控录像等证据后,之前认罪态度反复的被告人琚某忠表示愿意认罪认罚。经与值班律师沟通、听取意见,并在值班律师见证下,检察官向琚某忠详细说明本案量刑情节和量刑依据,提出有期徒刑二年三个月,并处罚金人民币三千元的量刑建议,琚某忠表示认可和接受,自愿签署认罪认罚具结书。2018年3月6日,杭州市下城区人民检察院以被告人琚某忠犯盗窃罪提起公诉。杭州市下城区人民法院适用刑事速裁程序审理该案,判决采纳检察机关指控的罪名和量刑建议。

同年3月19日,琚某忠以量刑过重为由提出上诉,下城区人民检察院提出抗诉。杭州市中级人民法院认为,被告人琚某忠不服原判量刑提出上诉,导致原审适用认罪认罚从宽制度的基础已不存在,为保障案件公正审判,裁定撤销原判,发回重审。下城区人民法院经重新审理,维持原判认定的被告人琚某忠犯盗窃罪的事实和定性,改判琚某忠有期徒刑二年九个月,并处罚金人民币三千元。判决后,琚某忠未上诉。

---

① 选自最高人民检察院第二十二批指导性案例,2020年11月24日发布。

【检察履职情况】

（1）全面了解上诉原因。琚某忠上诉后，检察机关再次阅卷审查，了解上诉原因，核实认罪认罚从宽制度的适用过程，确认本案不存在事实不清、证据不足、定性错误、量刑不当等情形；确认权利告知规范、量刑建议准确适当、具结协商依法进行。被告人提出上诉并无正当理由，违背了认罪认罚的具结承诺。

（2）依法提出抗诉。琚某忠无正当理由上诉表明其认罪不认罚的主观心态，其因认罪认罚而获得从宽量刑的条件已不存在，由此导致一审判决罪责刑不相适应。在这种情况下，检察机关以"被告人不服判决并提出上诉，导致本案适用认罪认罚从宽制度的条件不再具备，并致量刑不当"为由提出抗诉，并在抗诉书中就审查起诉和一审期间依法开展认罪认罚工作情况作出详细阐述。

【指导意义】

被告人通过认罪认罚获得量刑从宽后，在没有新事实、新证据的情况下，违背具结承诺以量刑过重为由提出上诉，无正当理由引起二审程序，消耗国家司法资源，检察机关可以依法提出抗诉。一审判决量刑适当、自愿性保障充分，因为认罪认罚后反悔上诉导致量刑不当的案件，检察机关依法提出抗诉有利于促使被告人遵守协商承诺，促进认罪认罚从宽制度健康稳定运行。检察机关提出抗诉时，应当建议法院取消基于认罪认罚给予被告人的从宽量刑，但不能因被告人的反悔行为对其加重处罚。

【相关规定】

《中华人民共和国刑法》第二百六十四条

《中华人民共和国刑事诉讼法》第十五条、第一百七十三条、第一百七十四条、第一百七十六条

最高人民法院、最高人民检察院、公安部、国家安全部、司法部《关于适用认罪认罚从宽制度的指导意见》

【典型案例二】

成某某、黄某某等 14 人组织、领导、参加黑社会性质组织案①

【要旨】

检察机关要充分发挥诉前引导作用，坚持关联审查、深挖彻查，围绕黑社会性质组织犯罪"四个特征"，积极引导侦查取证，依法准确认定黑社会性质组织犯罪。

---

① 选自《检察机关开展扫黑除恶专项斗争典型案例选编（第三辑）》，2019 年 7 月 18 日发布。

25

【基本案情】

2015 年 9 月，被告人成某某、黄某某、王某甲共同出资成立带"陪酒、陪唱妹"的厅子（供"陪酒、陪唱妹"等候的场所），通过向重庆市渝北区某街道及某工业园区的 KTV 歌厅、音乐茶座等娱乐场所，提供"陪酒、陪唱妹"有偿陪侍的方式牟取经济利益。为抢占"陪酒、陪唱妹"市场，成某某先后纠集被告人黄某某、王某甲、唐某某、李某某等十余名刑满释放人员、社会闲散人员，为扩张势力范围、树立非法权威，在重庆市渝北区某街道、某工业园区等地有组织地实施聚众斗殴、故意杀人、故意伤害、寻衅滋事、贩卖毒品、开设赌场等多起违法犯罪活动，逐步形成以被告人成某某为组织者、领导者，被告人黄某某、王某甲、唐某某为积极参加者，被告人李某某、洪某某、杨某甲、郭某某、费某某、曹某甲、杨某乙、陈某某、曹某乙、王某乙为一般参加者的黑社会性质组织。2015 年 9 月以来，该组织通过向 KTV 歌厅、音乐茶座等娱乐场所提供"陪酒、陪唱妹"的方式牟取经济利益达人民币 217 万余元，用于支持该组织的活动。2015 年 11 月至 2017 年 12 月期间，被告人成某某、黄某某等人通过有组织地实施聚众斗殴、故意伤害、寻衅滋事、贩卖毒品、开设赌场等 13 起违法犯罪行为，造成 1 人死亡、1 人重伤、3 人轻伤、5 人轻微伤的严重后果，在重庆市渝北区某街道、某工业园区等地形成了"敢打敢杀、动则刀枪、势力强大"的恶名，严重破坏了当地经济、社会生活秩序。

【诉讼过程】

2018 年 8 月 15 日，公安机关以犯罪嫌疑人成某某、黄某某、杨某乙 3 人涉嫌聚众斗殴罪、贩卖毒品罪、故意伤害罪移送审查起诉，并认定为恶势力犯罪。在本案之前，公安机关曾于 2018 年 3 月 26 日、7 月 11 日，分两案向重庆市渝北区人民检察院移送审查起诉了曹某乙、曹某甲、郭某某、李某某、费某某、杨某甲 6 人聚众斗殴案。重庆市人民检察院第一分院在审查成某某、黄某某、杨某乙 3 人聚众斗殴犯罪事实中发现三案存在关联，要求渝北区人民检察院将曹某乙等两案 6 人移送重庆市人民检察院第一分院（以下简称"渝检一分院"）与成某某案并案审查起诉。

检察官通过走访调查，结合已查明的犯罪，初步判断该案可能涉嫌有组织犯罪，因此，围绕是否存在有组织犯罪，先后通过一次退回补充侦查和在审查起诉期限内多次提出补充侦查意见的方式，向公安机关共计提出补充侦查意见 320 余条，高质效推进补侦工作。根据检察机关建议，公安机关成立专门办案组，配强办案力量，经过迅速高效工作，补充证据材料 117 册，查明新增有组织的遗漏犯罪事实 8 起、违法事实 3 起，查清了组织、领导、参加黑社会性质组织犯罪事实。2018 年 11 月 14 日，公安机关补充移送审查起诉成某某、黄某某等 9 人涉嫌组织、领导、参加黑社会性质组织等犯罪，同时将唐某某、陈某某、洪某某等 5 人涉嫌参加黑社会性质组织等犯罪移送渝检一分院审查起诉。11 月 23 日，渝检一分院以组织、领导、参加黑社会性质组织罪等对被告人成某某、黄某某、唐某某等人依法提起公诉。

经法庭审理，2019 年 1 月 17 日，重庆市第一中级人民法院以被告人成某某犯组织、领导黑社会性质组织罪、故意杀人罪、聚众斗殴罪、故意伤害罪、寻衅滋事罪、贩卖毒品罪、开设赌场罪，判处死刑，缓期二年执行，剥夺政治权利终身，并处没收个人全部财产，并对被告人成某某限制减刑；以被告人黄某某犯参加黑社会性质组织罪、故意杀人罪、故意伤害罪、寻衅滋事罪，判处死刑，缓期二年执行，剥夺政治权利终身，并处罚金 30 万元，并对被告人黄某某限制减刑；对被告人王某甲、唐某某等 12 人按照各自所犯罪行，分别判处二年三个月至十七年有期徒刑。

【指导意义】

本案系经过对多起存在关联的恶势力犯罪案件串并审查，在审查起诉期间积极引导侦查取证，依法认定为黑社会性质组织犯罪。一是从聚众斗殴等涉众型暴力案件中敏锐发现涉黑涉恶犯罪线索。检察机关在审查起诉 3 人 3 案涉恶犯罪案件过程中，敏锐意识到聚众斗殴等危害社会公共秩序犯罪中隐藏黑社会性质组织犯罪的可能性较大，遂从分析聚众斗殴等犯罪活动的起因、过程、人员纠集情况、社会危害程度、成员相互关系等方面着手，深挖细查、成功发现有组织犯罪线索，并建议公安机关扩线侦查，进而将多起分散案件并案侦查，逐步厘清了黑社会性质组织的基本轮廓。二是充分发挥自身职能，自行调查核实证据。检察机关在详细开列补证清单退回补充侦查的同时，注重主动作为，充分发挥自身职能，增强司法办案亲历性，通过自行复核关键证据、走访犯罪现场、讯问犯罪嫌疑人、听取被害人意见等方式，提升了认定证据的精准度，增强了案件证据体系的完整性。三是强化法律监督，准确适用法律。在办案过程中，检察机关充分发挥法律监督职能，协同公安机关补充大量证据材料，查清全案事实，补充移送多起遗漏犯罪事实、违法事实；立足在案证据与案件事实，对涉案的多名组织成员进行追捕追诉。同时，准确适用法律，严格把握普通刑事犯罪、恶势力犯罪和黑社会性质组织犯罪的界限，准确认定犯罪性质。

【典型案例三】

陈某正当防卫案①

（检例第 45 号）

【关键词】

未成年人 故意伤害 正当防卫 不批准逮捕

【要旨】

在被人殴打、人身权利受到不法侵害的情况下，防卫行为虽然造成了重大损害的客观后果，但是防卫措施并未明显超过必要限度的，不属于防卫过当，依法不负刑事责任。

【基本案情】

陈某，未成年人，某中学学生。

2016 年 1 月初，因陈某在甲的女朋友的网络空间留言示好，甲纠集乙等人，对陈某实施了殴打。

1 月 10 日中午，甲、乙、丙等 6 人（均为未成年人），在陈某就读的中学门口，见陈某从大门走出，有人提议陈某向老师告发他们打架，要去问个说法。甲等人尾随一段路后拦住陈某质问，陈某解释没有告状，甲等人不肯罢休，抓住并围殴陈某。乙的 3 位朋友（均为未成年人）正在附近，见状加入围殴陈某。其中，有人用膝盖顶击陈某的胸口、有人持石块击打陈某的手臂、有人持钢管击打陈某的背部，其他人对陈某或勒脖子或拳打脚踢。陈某掏出随身携带的折叠式水果刀（刀身长 8.5 厘米，不属于管制刀具），乱挥乱刺后逃脱。部分围殴人员继续追打并从后投掷石块，击中陈某的背部和腿部。陈某逃进学校，追打人员被学校保安拦住。陈某在反击过程中刺中了甲、乙和丙，经鉴定，该 3 人的损伤程度均构成重伤二级。陈某经人身检查，见身体多处软组织损伤。

案发后，陈某所在学校向司法机关提交材料，证实陈某遵守纪律、学习认真、成绩优秀，是一名品学兼优的学生。

公安机关以陈某涉嫌故意伤害罪立案侦查，并对其采取刑事拘留强制措施，后提请检察机关批准逮捕。检察机关根据审查认定的事实，依据刑法第二十条第一款的规定，认为陈某的行为属于正当防卫，不负刑事责任，决定不批准逮捕。公安机关将陈某释放同时要求复议。检察机关经复议，维持原决定。

---

① 选自最高人民检察院第十二批指导性案例，2018 年 12 月 18 日发布。

检察机关在办案过程中积极开展释法说理工作，甲等人的亲属在充分了解事实经过和法律规定后，对检察机关的处理决定表示认可。

【不批准逮捕的理由】

公安机关认为，陈某的行为虽有防卫性质，但已明显超过必要限度，属于防卫过当，涉嫌故意伤害罪。检察机关则认为，陈某的防卫行为没有明显超过必要限度，不属于防卫过当，不构成犯罪。主要理由如下：

第一，陈某面临正在进行的不法侵害，反击行为具有防卫性质。任何人面对正在进行的不法侵害，都有予以制止、依法实施防卫的权利。本案中，甲等人借故拦截陈某并实施围殴，属于正在进行的不法侵害，陈某的反击行为显然具有防卫性质。

第二，陈某随身携带刀具，不影响正当防卫的认定。对认定正当防卫有影响的，并不是防卫人携带了可用于自卫的工具，而是防卫人是否有相互斗殴的故意。陈某在事前没有与对方约架斗殴的意图，被拦住后也是先解释退让，最后在遭到对方围打时才被迫还手，其随身携带水果刀，无论是日常携带还是事先有所防备，都不影响对正当防卫作出认定。

第三，陈某的防卫措施没有明显超过必要限度，不属于防卫过当。陈某的防卫行为致实施不法侵害的3人重伤，客观上造成了重大损害，但防卫措施并没有明显超过必要限度。陈某被9人围住殴打，其中有人使用了钢管、石块等工具，双方实力相差悬殊，陈某借助水果刀增强防卫能力，在手段强度上合情合理。并且，对方在陈某逃脱时仍持续追打，共同侵害行为没有停止，所以就制止整体不法侵害的实际需要来看，陈某持刀挥刺也没有不相适应之处。综合来看，陈某的防卫行为虽有致多人重伤的客观后果，但防卫措施没有明显超过必要限度，依法不属于防卫过当。

【指导意义】

刑法第二十条第一款规定，"为了使国家、公共利益、本人或者他人的人身、财产和其他权利免受正在进行的不法侵害，而采取的制止不法侵害的行为，对不法侵害人造成损害的，属于正当防卫，不负刑事责任"。司法实践通常称这种正当防卫为"一般防卫"。

一般防卫有限度要求，超过限度的属于防卫过当，需要负刑事责任。刑法规定的限度条件是"明显超过必要限度造成重大损害"，具体而言，行为人的防卫措施虽明显超过必要限度但防卫结果客观上并未造成重大损害，或者防卫结果虽客观上造成重大损害但防卫措施并未明显超过必要限度，均不能认定为防卫过当。本案中，陈某为了保护自己的人身安全而持刀反击，就所要保护的权利性质以及与侵害方的手段强度比较来看，不能认为防卫措施明显超过了必要限度，所以即使防卫结果在

29

客观上造成了重大损害，也不属于防卫过当。

正当防卫既可以是为了保护自己的合法权益，也可以是为了保护他人的合法权益。《中华人民共和国未成年人保护法》第六条第二款也规定，"对侵犯未成年人合法权益的行为，任何组织和个人都有权予以劝阻、制止或者向有关部门提出检举或者控告"。对于未成年人正在遭受侵害的，任何人都有权介入保护，成年人更有责任予以救助。但是，冲突双方均为未成年人的，成年人介入时，应当优先选择劝阻、制止的方式；劝阻、制止无效的，在隔离、控制或制服侵害人时，应当注意手段和行为强度的适度。

检察机关办理正当防卫案件遇到争议时，应当根据《最高人民检察院关于实行检察官以案释法制度的规定》，适时、主动进行释法说理工作。对事实认定、法律适用和办案程序等问题进行答疑解惑，开展法治宣传教育，保障当事人和其他诉讼参与人的合法权利，努力做到案结事了。

人民检察院审查逮捕时，应当严把事实关、证据关和法律适用关。根据查明的事实，犯罪嫌疑人的行为属于正当防卫，不负刑事责任的，应当依法作出不批准逮捕的决定，保障无罪的人不受刑事追究。

【相关规定】

《中华人民共和国刑法》第二十条

《中华人民共和国刑事诉讼法》第九十条、第九十二条

第三章
重大刑事犯罪检察

【学习目标】

掌握重大刑事犯罪检察的概念；

了解重大刑事犯罪检察的办案流程；

了解重大刑事犯罪的重点及发展方向。

【重点和难点】

了解并掌握重大刑事案件非法证据排除规则；

了解死刑复核的基本知识。

【案例导入】

郭某参加黑社会性质组织、故意杀人、故意伤害案①

（检例第 18 号）

【基本案情】

被告人郭某，男，四川人，1972 年出生，无业。1997 年 9 月因犯盗窃罪被判有期徒刑五年六个月，2001 年 12 月刑满释放。

2003 年 5 月 7 日，李某荣（另案处理，已判刑）等人在四川省三台县"经典歌城"唱歌结账时与该歌城老板何某发生纠纷，被告人郭某受李某荣一方纠集，伙同李某荣、王某鹏、王某军（另案处理，均已判刑）打砸"经典歌城"，郭某持刀砍人，致何某重伤、顾客吴某轻伤。

2008 年 1 月 1 日，闵某金（另案处理，已判刑）与王某在四川省三台县里程乡

---

① 选自最高人民检察院第五批指导性案例，2014 年 9 月 10 日发布。

岩崖坪发生交通事故，双方因闵某金摩托车受损赔偿问题发生争执。王某电话通知被害人兰某、李某秀等人，闵某金电话召集郭某及闵某勇、陈某（另案处理，均已判刑）等人。闵某勇与其朋友代某、兰某先到现场，因代某、兰某与争执双方均认识，即进行劝解，事情已基本平息。后郭某、陈某等人亦分别骑摩托车赶至现场。闵某金向郭某指认兰某后，郭某持菜刀欲砍兰某，被路过并劝架的被害人蓝某（殁年26岁）阻拦，郭某遂持菜刀猛砍蓝某头部，致蓝某严重颅脑损伤死亡。兰某、李某秀等见状，持木棒击打郭某，郭某持菜刀乱砍，致兰某重伤，致李某秀轻伤。后郭某搭乘闵某勇所驾摩托车逃跑。

2008年5月，郭某负案潜逃期间，应同案被告人李某（犯组织、领导黑社会性质组织罪、故意伤害罪等，被判处有期徒刑十四年）的邀约，到四川省绵阳市安县（今安州区）参加了同案被告人王某华（犯组织、领导黑社会性质组织罪、故意伤害罪等罪名，被判处有期徒刑二十年）组织、领导的黑社会性质组织，充当打手。因王某华对胡某不满，让李某安排人教训胡某及其手下。2009年5月17日，李某见胡某两名手下范某、张某在安县花荄镇某烧烤店吃烧烤，便打电话叫来郭某。经指认，郭某蒙面持菜刀砍击范某、张某，致该二人轻伤。

【诉讼过程】

2009年7月28日，郭某因涉嫌故意伤害罪被四川省绵阳市安县公安局刑事拘留，同年8月18日被逮捕，经查犯罪嫌疑人郭某还涉嫌王某华等人黑社会性质组织系列犯罪案件。四川省绵阳市安县公安局侦查终结后，移送四川省绵阳市安县人民检察院审查起诉。该院受理后，于2010年1月3日报送四川省绵阳市人民检察院审查起诉。2010年7月19日，四川省绵阳市人民检察院对王某华等人参与的黑社会性质组织系列犯罪案件向绵阳市中级人民法院提起公诉，其中指控该案被告人郭某犯参加黑社会性质组织罪、故意伤害罪和故意杀人罪。

2010年12月17日，绵阳市中级人民法院一审认为，被告人郭某1997年因犯盗窃罪被判处有期徒刑，2001年12月26日刑满释放后，又于2003年故意伤害他人，2008年故意杀人、参加黑社会性质组织，均应判处有期徒刑以上刑罚，系累犯，应当从重处罚。依法判决：被告人郭某犯参加黑社会性质组织罪，处有期徒刑两年；犯故意杀人罪，处死刑，缓期二年执行，剥夺政治权利终身；犯故意伤害罪，处有期徒刑五年；数罪并罚，决定执行死刑，缓期二年执行，剥夺政治权利终身。

2010年12月30日，四川省绵阳市人民检察院认为一审判决对被告人郭某量刑畸轻，依法向四川省高级人民法院提出抗诉。2012年4月16日，四川省高级人民法院二审判决采纳抗诉意见，改判郭某死刑立即执行。2012年10月26日，最高人民法院裁定核准四川省高级人民法院对被告人郭某的死刑判决。2012年11月22日，被告人郭某被执行死刑。

【抗诉理由】

一审宣判后，四川省绵阳市人民检察院经审查认为原审判决对被告人郭某量刑畸轻，依法向四川省高级人民法院提出抗诉；四川省人民检察院支持抗诉。抗诉和支持抗诉理由是：一审判处被告人郭某死刑，缓期二年执行，量刑畸轻。郭某1997年因犯盗窃罪被判有期徒刑五年六个月，2001年12月刑满释放后，不思悔改，继续犯罪。于2003年5月7日，伙同他人打砸三台县"经典歌城"，并持刀行凶致一人重伤，一人轻伤，其行为构成故意伤害罪。负案潜逃期间，于2008年1月1日在三台县里程乡岩崖坪持刀行凶，致一人死亡，一人重伤，一人轻伤，其行为构成故意杀人罪和故意伤害罪。此后，又积极参加黑社会性质组织，充当他人打手，并于2009年5月17日受该组织安排，蒙面持刀行凶，致两人轻伤，其行为构成参加黑社会性质组织罪和故意伤害罪。根据本案事实和证据，被告人郭某的罪行极其严重、犯罪手段残忍、犯罪后果严重，主观恶性极大，根据罪责刑相适应原则，应当依法判处其死刑立即执行。

【终审结果】

四川省高级人民法院二审认为，本案事实清楚，证据确实、充分，原审被告人郭某犯参加黑社会性质组织罪、故意杀人罪、故意伤害罪，系累犯，主观恶性极深，依法应当从重处罚。检察机关认为"原判对郭某量刑畸轻"的抗诉理由成立。据此，依法撤销一审判决关于原审被告人郭某量刑部分，改判郭某犯参加黑社会性质组织罪，处有期徒刑两年；犯故意杀人罪，处死刑；犯故意伤害罪，处有期徒刑五年；数罪并罚，决定执行死刑，并剥夺政治权利终身。经报最高人民法院核准，已被执行死刑。

【裁判要旨】

死刑依法只适用于罪行极其严重的犯罪分子。对故意杀人、故意伤害、绑架、爆炸等涉黑、涉恐、涉暴刑事案件中罪行极其严重，严重危害国家安全和公共安全、严重危害公民生命权，或者严重危害社会秩序的被告人，依法应当判处死刑，人民法院未判处死刑的，人民检察院应当依法提出抗诉。

【相关规定】

《中华人民共和国刑法》第二百三十二条、第二百三十四条、第二百九十四条

《中华人民共和国刑事诉讼法》第二百一十七条、第二百二十五条第一款第二项

请思考，在这起案件中，检察机关抗诉的理由是什么，抗诉对案件的影响有哪些？

第一节　重大刑事犯罪检察的概念与内涵

一、定义与特点

重大刑事犯罪检察是指检察机关依法对涉及严重暴力、毒品交易、黑社会性质组织等严重危害社会安定和人民生命财产安全的犯罪行为进行的专门法律监督活动。这些犯罪活动具有以下三个显著特点：

（1）严重危害性：犯罪行为往往导致严重的社会危害，包括人员伤亡、财产损失和社会秩序混乱等。

（2）组织性和预谋性：许多重大刑事犯罪案件具有明确的组织架构和预谋计划，犯罪手段隐蔽且多变。

（3）跨地域性和跨国性：随着互联网和交通的发展，重大刑事犯罪逐渐呈现出跨地域和跨国的特征。

二、分类与例子

重大刑事犯罪可以大致分为以下三类：

（1）暴力犯罪：如故意杀人、抢劫、绑架等，这些犯罪往往伴随着强烈的暴力行为。

（2）毒品犯罪：包括走私、贩卖、运输、制造毒品等，这些犯罪活动严重危害了人们的身体健康和社会稳定。

（3）黑社会性质组织犯罪：以暴力、威胁或其他手段有组织地进行违法犯罪活动，严重破坏社会治安和经济秩序。

例如，近年来发生的"XX集团涉黑案"就是一起典型的黑社会性质组织犯罪案件，该组织通过开设赌场、非法放贷等手段获取巨额非法利益，严重危害了当地

的社会治安和经济发展。

三、检察工作原则与目标

在处理重大刑事犯罪案件时，检察机关应遵循以下原则：

（1）依法办案原则：严格按照法律规定和程序进行案件办理，确保案件的合法性和公正性。

（2）公正公开原则：在办案过程中保持公正公开的态度，接受社会监督，确保案件的公正性和透明度。

（3）保护人权原则：在打击犯罪的同时，注重保护犯罪嫌疑人和被告人的合法权益。

检察机关的目标是通过依法办理重大刑事犯罪案件，维护社会稳定和人民安宁，保障社会公平正义。

四、程序与措施

在办理重大刑事犯罪案件时，检察机关需要采取一系列的程序和措施：

（1）立案侦查：对涉嫌重大刑事犯罪的案件进行立案侦查，收集证据材料，查明犯罪事实。

（2）审查起诉：在侦查阶段结束后，对案件进行审查起诉，确保案件符合起诉条件。

（3）出庭公诉：在法庭上代表国家提起公诉，与辩护人进行辩论，阐述犯罪事实和证据。

（4）法律监督：对侦查机关、审判机关的执法活动进行法律监督，确保案件依法办理。

五、国际合作与交流

在国际层面上，针对重大刑事犯罪的合作与交流具有重要意义。通过国际合作，各国可以共同打击跨国犯罪活动，提高打击效率和效果。同时，通过交流学习各国在打击重大刑事犯罪方面的先进经验和做法，可以不断提升我国的检察工作水平。

六、预防策略及社会效果

预防重大刑事犯罪是检察工作的重要任务之一。为了实现这一目标，可以采取以下预防策略：

（1）加强法治宣传：通过普法宣传提高公众的法治意识和法律素养。

（2）加强社会治安管理：加大对社会治安的整治力度，缩小犯罪活动的滋生空间。

（3）加强国际合作：在国际层面上加强合作与交流，共同打击跨国犯罪活动。

这些预防策略的实施，可以有效减少重大刑事犯罪的发生，提高社会治安水平，保障人民安居乐业。同时，加强检察工作也将有助于提高司法公信力和社会满意度，增强人民群众对司法公正的信心和认同。

第二节　具体办案流程

重大刑事犯罪检察的审查逮捕流程如图 3-1 所示。

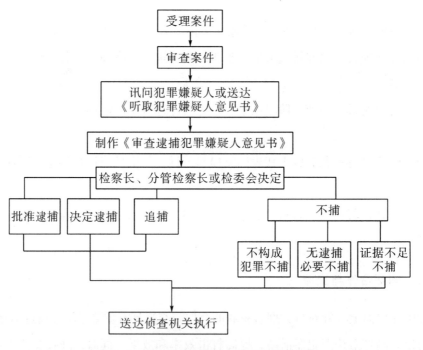

图 3-1　重大刑事犯罪检察的审查逮捕流程

重大刑事犯罪检察的审查起诉流程如图3-2所示。

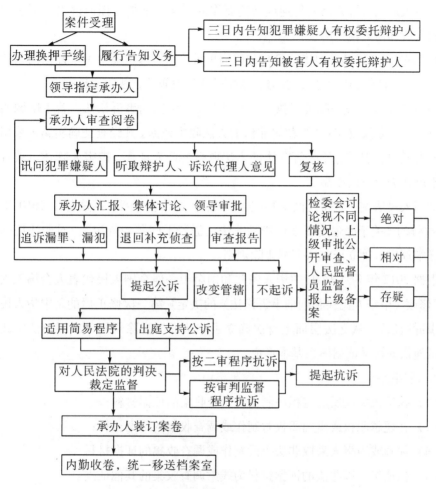

图 3-2　重大刑事犯罪检察的审查起诉流程

第三节　重要制度衔接

一、重大刑事案件非法证据排除

非法证据排除规则通常是指在刑事诉讼中，侦查机关及其工作人员使用非法手段取得的证据不得在刑事审判中被采纳的规则。非法证据排除规则源自英美法，于20世纪初产生于美国。

1. 确认历程

联合国大会于1975年12月9日通过《保护人人不受酷刑和其他残忍、不人道或有辱人格的待遇或处罚宣言》，其第 12 条规定："如经证实是因为受酷刑或其他残忍、不人道或有辱人格的待遇或处罚而作的供词，不得在任何诉讼中援引为指控有关的人或任何其他人的证据。"

在 1996 年通过的《中华人民共和国刑事诉讼法》修正案中关于证据的条款也规定：严禁刑讯逼供和以威胁、引诱、欺骗以及其他非法方法收集证据。

1998 年最高人民法院关于执行《中华人民共和国刑事诉讼法》若干问题的司法解释第六十一条又规定："严禁以非法的方法收集证据。凡经查证确实属于采用刑讯逼供或者威胁、引诱、欺骗等非法的方法取得的证人证言、被害人陈述、被告人供述，不能作为定案的根据。"

最高人民法院、最高人民检察院、公安部、国家安全部、司法部于 2010 年 6 月 13 日颁行的《关于办理刑事案件排除非法证据若干问题的规定》，对非法证据排除做了详细规定，确立了非法证据排除规则。

根据 2012 年 3 月 14 日中华人民共和国第十一届全国人民代表大会第五次会议《关于修改〈中华人民共和国刑事诉讼法〉的决定》第二次修正后的《中华人民共和国刑事诉讼法》，从立法层面上首次确立了非法证据排除规则，中国司法实践中治理刑讯逼供的科学证据体系基本形成。

2. 适用范围

（1）执法机关违反法定程序制作或调查收集的证据材料；

（2）在超越职权或滥用职权时制作或调查收集的证据材料；

（3）律师或当事人采取非法手段制作或调查收集的证据材料；

（4）执法机关以非法的证据材料为线索调查收集的其他证据。

3. 法律特征

（1）提出排除非法证据的主体

一般情况下，非法证据取证过程中的受害者，即犯罪嫌疑人或被告人，有权提出排除非法证据。

（2）提出排除非法证据异议的时间

传统的方式是在审判期间，更多的则采用在法庭审理前提出异议。

（3）听审结果

由法官主持听审的，由法官作出裁决；不是由后来决定案件的法官，而是由较低级的司法人员主持听审的，由于其无权作出裁决，因而只能作出建议。

（4）操作程序

① 程序启动

在法庭调查过程中，被告人有权提出其审判前供述是非法取得的意见，并提供相关线索或者证据。

②法庭初步审查

程序启动后，法庭应当进行审查。合议庭对被告人审判前供述取得的合法性没有疑问的，可以直接对起诉指控的犯罪事实进行调查；对供述取得的合法性有疑问的，则由公诉人对取证的合法性举证。

③控方证明

公诉人应当向法庭提供讯问笔录、原始的讯问过程录音录像或者其他证据，提请法庭通知讯问时其他在场人员或者其他证人出庭作证，仍不能排除刑讯逼供嫌疑的，提请法庭通知讯问人员出庭作证，对该供述取得的合法性予以证明。

④双方质证

公诉人举证后，控辩双方可以就被告人审判前供述的取得是否合法的问题进行质证、辩论。

⑤法庭处理

法庭对被告人审判前供述的合法性问题作出裁定：如公诉人的证明达到确实、充分的程度，能够排除被告人审判前供述属非法取得的，法庭确认该供述的合法性，准许当庭宣读、质证；否则，法庭对该供述予以排除，不作为定案的根据。

4. 例外情形

（1）非法证据排除规则不适用于大陪审团审理。在美国联邦诉讼中还保留了大陪审团制度，由于大陪审团审理的结果并不是对被告人的最终定罪，所以不适用非法证据排除规则。

（2）善意的例外。意指如果执行搜查、扣押的侦查机关本于善意相信自己执行的行为是合法的，纵然事后确认该搜查、扣押行为违法，则因此得到的证据不在排除之列，例外的可以被保留下来。

（3）反驳的例外。一些非法的证据不能直接作为认定被告人有罪的证据，但可以用来反驳被告人，证明其前后陈述的矛盾，降低其可被信任的程度。

二、死刑复核①

死刑复核程序是人民法院对判处死刑的案件进行复查核准所遵循的一种特别审判程序。死刑是剥夺犯罪分子生命的刑罚，是刑法所规定的刑罚中最严厉的一种，称为极刑。中国法律一方面把死刑作为打击犯罪、保护人民的有力武器，另一方面

---

① 陈国庆，万春，高贵君. 重罪检察业务［M］. 北京：中国检察出版社，2022：304-306.

又强调严格控制死刑的适用。因此，我国除在实体法中规定了死刑不适用于未成年人、怀孕妇女等限制性要求外，还在程序法中对判处死刑的案件规定了一项特别的审查核准程序——死刑复核程序。

死刑复核程序是指人民法院对判处死刑的案件报请对死刑有核准权的人民法院审查核准应遵守的步骤、方式和方法，它是一种特别的程序。

1. 任务

根据法律规定和司法实践经验，死刑复核程序的任务是，由享有复核权的人民法院对下级人民法院报请复核的死刑判决、裁定，在认定事实和适用法律上是否正确进行全面审查，依法作出是否核准死刑的决定。因此，对死刑案件进行复核时，必须完成两项任务：

一是查明原判认定的犯罪事实是否清楚，据以定罪的证据是否确实、充分，罪名是否准确，量刑（死刑、死缓）是否适当，程序是否合法；

二是依据事实和法律，作出是否核准死刑的决定并制作相应的司法文书，以核准正确的死刑判决、裁定，纠正不适当或错误的死刑判决、裁定。

2. 程序

中国的刑事诉讼程序分为普通程序和特殊程序。一般的刑事案件（主要指公诉案件），大致经过立案、侦查、起诉、第一审程序、第二审程序、执行程序，这是普通程序。此外，对于判处死刑的案件，还要经过专门的复核核准程序；对于已经发生法律效力的判决和裁定，当发现确有错误时，可以通过审判监督程序进行纠正，这些是特殊程序。死刑复核程序以其独特的审判对象和核准权的专属性等特征既区别于普通程序，又不同于其他特殊程序。

3. 特点

（1）审理对象特定

这一程序只适用于判处死刑的案件，包括判处死刑立即执行和判处死刑缓期二年执行的案件。只有死刑案件才需要经过死刑复核程序。没有被判处死刑的案件无须经过这一程序。这种审理对象的特定性使死刑复核程序既不同于普通审判程序——一审和二审程序，也不同于另一种特殊审判程序——审判监督程序。

（2）死刑复核程序是死刑案件的终审程序

一般刑事案件经过第一审、第二审程序以后，判决就发生法律效力。而死刑案件除经过第一审、第二审程序以外，还必须经过死刑复核程序。只有经过复核并核准的死刑判决才发生法律效力。从这一意义上说，死刑复核程序是两审终审制的一种例外。

（3）所处的诉讼阶段特殊

死刑复核程序的进行一般是在死刑判决作出之后，发生法律效力并交付执行之前。相比较而言，第一审程序、第二审程序审理时间是在起诉之后，二审判决之前；审判监督程序则是在判决、裁定发生法律效力之后。

（4）核准权具有专属性

依据刑事诉讼法的规定，有权进行死刑复核的机关只有最高人民法院。而其他审判程序与此不同：一审案件任何级别的法院均可审判；二审案件中级以上的法院均可审判；再审案件原审以及原审以上的法院均可审判。

（5）程序启动上具有自动性

第一审程序和第二审程序的启动都遵循不告不理原则：只有检察机关提起公诉或者自诉人提起自诉，人民法院才能启动第一审程序；只有检察机关提起抗诉或者被告人、自诉人提起上诉，人民法院才能启动第二审程序。而死刑复核程序的启动既不需要检察机关提起公诉或者抗诉，也不需要当事人提起自诉或上诉，只要二审法院审理完毕或者一审后经过法定的上诉期或抗诉期被告人没有提出上诉、检察院没有提起抗诉，人民法院就应当自动将案件报送高级人民法院或最高人民法院核准。

（6）报请复核方式特殊

依照法律有关规定，报请复核应当按照法院的组织系统逐级上报，不得越级报核。而审判监督程序可以越级申诉。

4. 方式

死刑复核程序是人民法院对判处死刑的案件进行复查核准所遵循的一种特别审判程序。在死刑复核权回收之后，应当根据诉讼的规律设计完善死刑复核程序，尽管其不同于一审、二审程序，但可以进行诉讼化改造，根据案件的情况采用以下两种方式：

一是对于判处死刑的第一审案件，被告人不上诉、人民检察院不抗诉的，以及虽然提出了上诉或者抗诉，但不是针对事实认定而是针对法律适用或程序问题的案件，法院可以采用非开庭的方式进行审理，但即使非开庭审理仍必须包括审查书面卷宗材料、讯问被告人和听取公诉机关、辩护人的意见等内容；

二是对于一审判处死刑后被告人提出上诉或者检察机关提出抗诉，并且是针对事实认定提出的案件，法院应当采用开庭审理的方式，即在确定的时间吸收检察机关、被告人、辩护人以及其他必须参加的诉讼参与人共同参与复核程序。操作方式上可以采取面对面形式的直接审理和通过互联网进行的远程审理两种方式。实行开庭审理，可以保证控辩双方有效地参与到庭审过程中，特别是辩方可以充分行使辩护权，同时也便于检察机关对法院的审判活动实施有效的法律监督。不论是哪种审理方式，均应由三名以上单数法官组成合议庭进行审理。对于疑难、复杂、重大案件，可以经合议庭提请由审判委员会开庭审理。

5. 意义

死刑复核程序是一道十分重要的审判程序。这一程序的设置充分体现了党和国家对适用死刑一贯坚持的严肃与谨慎、慎杀与少杀的方针政策，对于保证办案质量，正确适用死刑，坚持少杀，防止错杀，切实保障公民的人身权利、财产权利和其他合法权益，保障社会的长治久安均有重要意义。具体表现在：

（1）死刑复核程序有利于保证死刑适用的正确性。人的认识是一个循环往复，螺旋上升的过程，只有经过多次不断地检验，才能使认识逐渐接近客观实际。诉讼认识也是如此，只有经过从侦查到起诉、审判，从一审到二审和审判监督程序等多次反复，才能使公安司法人员的认识逐渐接近案件的客观事实，才能最大限度地减少冤假错案。死刑案件通常更加复杂，往往更需要经过多次检验。不仅如此，人死不可复生，死刑一旦被执行就无法补救，因而更必须保证死刑判决的正确无误。死刑复核程序的设置使死刑案件在一审和二审程序的基础上又增加了一道检验和保障机制，这对于保证死刑的正确适用具有非常重要的意义。

（2）死刑复核程序有利于控制死刑的适用，实现少杀、慎杀的刑事政策。严肃谨慎、少杀慎杀是我们党和国家的一贯方针，在刑事诉讼法中特别设立死刑复核程序，正是贯彻这一方针的具体体现。通过死刑复核，对那些适用死刑不当的判决、裁定，作出不予核准的决定，并依照法定程序，分别作出不同的处理：对纯属无罪或因证据不足应判无罪的人，纠正冤案，立即释放，恢复其自由；对那些虽然有罪，但不应判处死刑的罪犯，可根据不同情况依法改判为无期徒刑、有期徒刑等刑罚。这样做，不仅有利于防止无辜错杀和死刑滥用，避免给国家、公民造成重大损失，而且还可以收到良好的政治效果。因此，死刑复核程序是坚持少杀、慎杀和防止滥杀的可靠保证。

（3）死刑复核程序还是严格死刑规格、统一执法尺度的关键程序。由于死刑（死缓）判决的核准权是由最高人民法院和高级人民法院行使的，这有利于从诉讼程序上保证死刑执法尺度的统一，防止地区之间宽严不一。而且有利于最高人民法院和高级人民法院及时发现死刑适用中可能出现的偏差和错误，及时纠正错误的死刑裁判，并在此基础上总结审判工作的经验和教训，指导和督促下级人民法院提高死刑案件的审判质量，确保死刑在全国范围内的统一正确适用具有非常重要的意义。

相关链接:

死刑临场监督

根据 2007 年 1 月 19 日《人民检察院临场监督执行死刑工作规则（试行）》（高检发诉字〔2007〕7 号），人民检察院依法对执行死刑实行临场监督，保证执行死刑工作依法、准确、文明和规范进行。人民检察院临场监督执行死刑工作的主要任务:

（一）核实执行人民法院是否收到最高人民法院核准死刑的判决或者裁定和最高人民法院院长签发的执行死刑命令;

（二）依法监督执行死刑的场所、方法和执行死刑的程序是否合法:

（三）发现不应当执行死刑情形的，建议执行人民法院停止执行;

（四）执行死刑后，监督检查罪犯是否确已死亡;

（五）发现和通知纠正执行死刑活动中的违法情况;

（六）履行法律、司法解释规定的其他监督任务。

人民检察院收到同级人民法院执行死刑临场监督通知后，发现有下列情形之一的，应当建议执行人民法院停止执行:

（一）被执行人并非应当执行死刑的罪犯的;

（二）罪犯犯罪时不满十八周岁的;

（三）判决或者裁定可能有错误的;

（四）执行前罪犯检举揭发重大犯罪事实或者有其他重大立功表现，可能需要改判的;

（五）罪犯正在怀孕的。

执行死刑完毕，法医验明罪犯是否死亡时，检察人员应当在场监督。检察人员对法医出具的结论有疑问的，应当立即向指挥执行的审判人员提出。

【典型案例】

忻某某绑架案①

（检例第 2 号）

【要旨】

对于死刑案件的抗诉，要正确把握适用死刑的条件，严格证明标准，依法履行刑事审判法律监督职责。

---

① 选自最高人民检察院第一批指导性案例，2010 年 12 月 31 日发布。

【基本案情】

被告人忻某某，男，1959年2月1日出生，汉族，浙江省宁波市人，高中文化。2005年9月15日，因涉嫌绑架罪被刑事拘留，2005年9月27日被逮捕。

被告人忻某某因经济拮据而产生绑架儿童并勒索家长财物的意图，并多次到浙江省慈溪市进行踩点和物色被绑架人。2005年8月18日上午，忻某某驾驶自己的浙B3C×××通宝牌面包车从宁波市至慈溪市某街道某支路老年大学附近伺机作案。当日下午1时许，忻某某见女孩杨某某（女，1996年6月1日出生，浙江省慈溪市某小学三年级学生，因本案遇害，殁年9岁）背着书包独自一人经过，即以"陈老师找你"为由将杨某某骗上车，将其扣在一个塑料洗澡盆下，开车驶至宁波市东钱湖镇"钱湖人家"后山。当晚10时许，忻某某从杨某某处骗得其父亲的手机号码和家中的电话号码后，又开车将杨某某带至宁波市北仑区某村防空洞附近，采用捂口、鼻的方式将杨某某杀害后掩埋。8月19日，忻某某乘火车到安徽省广德县（今广德市）购买了一部波导1220型手机，于20日凌晨0时许拨打杨某某家电话，称自己已经绑架杨某某并要求杨某某的父亲于当月25日下午6时前带60万元赎金到浙江省湖州市某县交换其女儿。尔后，忻某某又乘火车到安徽省芜湖市打勒索电话，因其将记录电话的纸条丢失，将被害人家的电话号码后四位2353误记为7353，电话接通后听到接电话的人是宁波口音，而杨某某的父亲讲普通话，由此忻某某怀疑是公安人员已介入，遂停止了勒索。2005年9月15日忻某某被公安机关抓获，忻某某供述了绑架杀人经过，并带领公安人员指认了埋尸现场，公安机关起获了一具尸骨，从其浙B3C×××通宝牌面包车上提取了杨某某头发两根（经法医学DNA检验鉴定，是被害人杨某某的尸骨和头发）。公安机关从被告人忻某某处扣押波导1220型手机一部。

【诉讼过程】

被告人忻某某绑架一案，由浙江省慈溪市公安局立案侦查，于2005年11月21日移送慈溪市人民检察院审查起诉。慈溪市人民检察院于同年11月22日告知了忻某某有权委托辩护人等诉讼权利，也告知了被害人的近亲属有权委托诉讼代理人等诉讼权利。按照案件管辖的规定，同年11月28日，慈溪市人民检察院将案件报送宁波市人民检察院审查起诉。宁波市人民检察院依法讯问了被告人忻某某，审查了全部案件材料。2006年1月4日，宁波市人民检察院以忻某某涉嫌绑架罪向宁波市中级人民法院提起公诉。

2006年1月17日，浙江省宁波市中级人民法院依法组成合议庭，公开审理了此案。法庭审理认为：被告人忻某某以勒索财物为目的，绑架并杀害他人，其行为已构成绑架罪。手段残忍、后果严重，依法应予严惩。检察机关指控的罪名成立。

2006年2月7日，宁波市中级人民法院作出一审判决：①被告人忻某某犯绑架罪，判处死刑，剥夺政治权利终身，并处没收个人全部财产。②被告人忻某某赔偿附带民事诉讼原告人杨某凤、张某彬应得的被害人死亡赔偿金317 640元、丧葬费11 380元，合计人民币329 020元。③供被告人忻某某犯罪使用的浙B3C×××通宝牌面包车一辆及波导1220型手机一部，予以没收。

忻某某对一审刑事部分的判决不服，向浙江省高级人民法院提出上诉。

2006年10月12日，浙江省高级人民法院依法组成合议庭，公开审理了此案。法庭审理认为：被告人忻某某以勒索财物为目的，绑架并杀害他人，其行为已构成绑架罪。犯罪情节特别严重，社会危害极大，依法应予严惩。但鉴于本案的具体情况，对忻某某判处死刑，可不予立即执行。2007年4月28日，浙江省高级人民法院作出二审判决：①撤销浙江省宁波市中级人民法院（2006）甬刑初字第16号刑事附带民事判决中对忻某某的量刑部分，维持判决的其余部分；②被告人忻某某犯绑架罪，判处死刑，缓期二年执行，剥夺政治权利终身。

被害人杨某某的父亲不服，于2007年6月25日向浙江省人民检察院申诉，请求提出抗诉。

浙江省人民检察院经审查认为，浙江省高级人民法院二审判决改判忻某某死刑缓期二年执行确有错误，于2007年8月10日提请最高人民检察院按照审判监督程序提出抗诉。最高人民检察院派员到浙江专门核查了案件相关情况。最高人民检察院检察委员会两次审议了该案，认为被告人忻某某绑架犯罪事实清楚，证据确实、充分，依法应当判处死刑立即执行，浙江省高级人民法院以"鉴于本案具体情况"为由改判忻某某死刑缓期二年执行确有错误，应予纠正。理由如下：

（1）忻某某绑架犯罪事实清楚，证据确实、充分。本案定案的物证、书证、证人证言、被告人供述、鉴定结论、现场勘查笔录等证据能够形成完整的证据体系。公安机关根据忻某某的供述找到被害人杨某某尸骨，忻某某供述的诸多隐蔽细节，如埋尸地点、尸体在土中的姿势、尸体未穿鞋袜、埋尸坑中没有书包、打错勒索电话的原因、打勒索电话的通话次数、通话内容、接电话人的口音等，得到了其他证据的印证。

（2）浙江省高级人民法院二审判决确有错误。二审改判是认为本案证据存在两个疑点。一是卖给忻某某波导1220型手机的证人傅某在证言中讲该手机的串号与公安人员扣押在案手机的串号不一致，手机的同一性存有疑问；二是证人宋某和艾某证实，在案发当天看见一中年妇女将一个与被害人特征相近的小女孩带走，不能排除有他人作案的可能。经审查，这两个疑点均能够排除。一是关于手机同一性问题。

经审查，公安人员在询问傅某时，将波导1220型手机原机主洪某的身份证号码误记为手机的串号。宁波市人民检察院移送给宁波市中级人民法院的《随案移送物品文件清单》中写明波导1220型手机的串号是350974114389275，且洪某将手机卖给傅某的《旧货交易凭证》等证据，清楚地证明了从忻某某身上扣押的手机即是索要赎金时使用的手机，且手机就在宁波市中级人民法院，手机同一性的疑点能够排除。二是关于是否存在中年妇女作案问题。案卷原有证据能够证实宋某、艾某证言证明的"中年妇女带走小女孩"与本案无关。宋某、艾某证言证明的中年妇女带走小女孩的地点在绑架现场东侧200米左右，与忻某某绑架杨某某并非同一地点。艾某证言证明的是某咖啡厅南边的电脑培训学校门口，不是忻某某实施绑架的地点；宋某证言证明的中年妇女带走小女孩的地点是某咖啡厅南边的十字路口，而不是老年大学北围墙外的绑架现场，因为宋某所在位置被建筑物阻挡，看不到老年大学北围墙外的绑架现场，此疑问也已经排除。此外，二人提到的小女孩的外貌特征等细节也与杨某某不符。

（3）忻某某所犯罪行极其严重，对其应当判处死刑立即执行。一是忻某某精心预谋犯罪、主观恶性极深。忻某某为实施绑架犯罪进行了精心预谋，多次到慈溪市"踩点"，并选择了相对僻静无人的地方作为行车路线。忻某某以"陈老师找你"为由将杨某某骗上车实施绑架，与慈溪市老年大学剑桥英语培训班负责人陈老师的姓氏相符。忻某某居住在宁波市鄞州区，选择在宁波市的慈溪市实施绑架，选择在宁波市的北仑区杀害被害人，之后又精心实施勒索赎金行为，赴安徽省广德县购买波导1220型手机，使用异地购买的手机卡，赴安徽省宣城市、芜湖市打勒索电话并要求被害人父亲到浙江省某县交付赎金。二是忻某某犯罪后果极其严重、社会危害性极大。忻某某实施绑架犯罪后，为使自己的罪行不被发现，在得到被害人家庭信息后，当天就将年仅9岁的杨某某杀害，并烧掉了杨某某的书包，扔掉了杨某某挣扎时脱落的鞋子，实施了毁灭罪证的行为。忻某某归案后认罪态度差。开始不供述犯罪，并隐瞒作案所用手机的来源，后来虽供述犯罪，但编造他人参与共同作案。忻某某的犯罪行为不仅剥夺了被害人的生命、给被害人家属造成了无法弥补的巨大痛苦，也严重影响了当地群众的安全感。三是二审改判忻某某死刑缓期二年执行不被被害人家属和当地群众接受。被害人家属强烈要求判处忻某某死刑立即执行，当地群众对二审改判忻某某死刑缓期二年执行亦难以接受，要求司法机关严惩忻某某。

2008年10月22日，最高人民检察院依照《中华人民共和国刑事诉讼法》第二百零五条第三款之规定，向最高人民法院提出抗诉。2009年3月18日，最高人民法院指令浙江省高级人民法院另行组成合议庭，对忻某某案件进行再审。

2009 年 5 月 14 日，浙江省高级人民法院另行组成合议庭公开开庭审理本案。法庭审理认为：被告人忻某某以勒索财物为目的，绑架并杀害他人，其行为已构成绑架罪，且犯罪手段残忍、情节恶劣，社会危害极大，无任何悔罪表现，依法应予严惩。检察机关要求纠正二审判决的意见能够成立。忻某某及其辩护人要求维持二审判决的意见，理由不足，不予采纳。

2009 年 6 月 26 日，浙江省高级人民法院依照《中华人民共和国刑事诉讼法》第二百零五条第二款、第二百零六条、第一百八十九条第二项，《中华人民共和国刑法》第二百三十九条第一款、第五十七条第一款、第六十四条之规定，作出判决：①撤销浙江省高级人民法院（2006）浙刑一终字第 146 号刑事判决中对原审被告人忻某某的量刑部分，维持该判决的其余部分和宁波市中级人民法院（2006）甬刑初字第 16 号刑事附带民事判决；②原审被告人忻某某犯绑架罪，判处死刑，剥夺政治权利终身，并处没收个人全部财产，并依法报请最高人民法院核准。

最高人民法院复核认为：被告人忻某某以勒索财物为目的，绑架并杀害他人的行为已构成绑架罪。其犯罪手段残忍，情节恶劣，后果严重，无法定从轻处罚情节。浙江省高级人民法院再审判决认定的事实清楚，证据确实、充分，定罪准确，量刑适当，审判程序合法。

2009 年 11 月 13 日，最高人民法院依照《中华人民共和国刑事诉讼法》第一百九十九条和《最高人民法院关于复核死刑案件若干问题的规定》第二条第一款之规定，作出裁定：核准浙江省高级人民法院（2009）浙刑再字第 3 号以原审被告人忻某某犯绑架罪，判处死刑，剥夺政治权利终身，并处没收个人全部财产的刑事判决。

2009 年 12 月 11 日，被告人忻某某被依法执行死刑。

齐某强奸、猥亵儿童案[①]
（检例第 42 号）

【关键词】

公共场所当众　情节恶劣　猥亵儿童罪　强奸罪

【基本案情】

被告人齐某，男，1969 年 1 月出生，原系某县某小学班主任。

2011 年夏天至 2012 年 10 月，被告人齐某在担任班主任期间，利用午休、晚自习及宿舍查寝等机会，在学校办公室、教室、洗澡堂、男生宿舍等处多次对被害女

① 选自最高人民检察院第十一批指导性案例，2018 年 11 月 9 日发布。

47

童 A（10 岁）、B（10 岁）实施奸淫、猥亵，并以带 A 女童外出看病为由，将其带回家中强奸。齐某还在女生集体宿舍等地多次猥亵被害女童 C（11 岁）、D（11 岁）、E（10 岁），猥亵被害女童 F（11 岁）、G（11 岁）各一次。

【要旨】

（1）性侵未成年人犯罪案件中，被害人陈述稳定自然，对于细节的描述符合正常记忆认知、表达能力，被告人辩解没有证据支持，结合生活经验对全案证据进行审查，能够形成完整证明体系的，可以认定案件事实。

（2）奸淫幼女具有《最高人民法院、最高人民检察院、公安部、司法部关于依法惩治性侵害未成年人犯罪的意见》规定的从严处罚情节，社会危害性与刑法第二百三十六条第三款第二至四项规定的情形相当的，可以认定为该款第一项规定的"情节恶劣"。

（3）行为人在教室、集体宿舍等场所实施猥亵行为，只要当时有多人在场，即使在场人员未实际看到，也应当认定犯罪行为是在"公共场所当众"实施。

【指控与证明犯罪】

（一）提起公诉及原审判决情况

2013 年 4 月 14 日，某市人民检察院以齐某犯强奸罪、猥亵儿童罪对其提起公诉。5 月 9 日，某市中级人民法院依法不公开开庭审理本案。9 月 23 日，该市中级人民法院作出判决，认定齐某犯强奸罪，判处死刑缓期二年执行，剥夺政治权利终身；犯猥亵儿童罪，判处有期徒刑四年六个月；决定执行死刑，缓期二年执行，剥夺政治权利终身。被告人未上诉，判决生效后，报某省高级人民法院复核。

2013 年 12 月 24 日，某省高级人民法院以原判认定部分事实不清为由，裁定撤销原判，发回重审。

2014 年 11 月 13 日，某市中级人民法院经重新审理，作出判决，认定齐某犯强奸罪，判处无期徒刑，剥夺政治权利终身；犯猥亵儿童罪，判处有期徒刑四年六个月；决定执行无期徒刑，剥夺政治权利终身。齐某不服提出上诉。

2016 年 1 月 20 日，某省高级人民法院经审理，作出终审判决，认定齐某犯强奸罪，判处有期徒刑六年，剥夺政治权利一年；犯猥亵儿童罪，判处有期徒刑四年六个月；决定执行有期徒刑十年，剥夺政治权利一年。

（二）提起审判监督程序及再审改判情况

某省人民检察院认为该案终审判决确有错误，提请最高人民检察院抗诉。最高人民检察院经审查，认为该案适用法律错误，量刑不当，应予纠正。2017 年 3 月 3 日，最高人民检察院依照审判监督程序向最高人民法院提出抗诉。

2017 年 12 月 4 日，最高人民法院依法不公开开庭审理本案，最高人民检察院指派检察员出席法庭，辩护人出庭为原审被告人进行辩护。

法庭调查阶段，针对原审被告人不认罪的情况，检察员着重就齐某辩解与在案证据是否存在矛盾，以及有无其他证据或线索支持其辩解进行发问和举证，重点核实以下问题：案发前齐某与被害人及其家长关系如何，是否到女生宿舍查寝，是否多次单独将女生叫出教室，是否带女生回家过夜。齐某当庭供述与被害人及其家长没有矛盾，承认曾到女生宿舍查寝，为女生揉肚子，单独将女生叫出教室问话，带女生外出看病以及回家过夜。通过当庭讯问，进一步印证了被害人陈述细节的真实性、客观性。

法庭辩论阶段，检察员发表出庭意见：

首先，原审被告人齐某犯强奸罪、猥亵儿童罪的犯罪事实清楚，证据确实充分。①各被害人及其家长和齐某在案发前没有矛盾。报案及时，无其他介入因素，可以排除诬告的可能。②各被害人陈述内容自然合理，可信度高，且有同学的证言予以印证。被害人对于细节的描述符合正常记忆认知、表达能力，如齐某实施性侵害的大致时间、地点、方式、次数等内容基本一致。因被害人年幼、报案及作证距案发时间较长等客观情况，具体表达存在不尽一致之处，完全正常。③各被害人陈述的基本事实得到本案其他证据印证，如齐某卧室勘验笔录、被害人辨认现场的笔录、现场照片、被害人生理状况诊断证明等。

其次，原审被告人齐某犯强奸罪情节恶劣，且在公共场所当众猥亵儿童，某省高级人民法院判决对此不予认定，属于适用法律错误，导致量刑畸轻。①齐某奸淫幼女"情节恶劣"。齐某利用教师身份，多次强奸二名幼女，犯罪时间跨度长。本案发生在校园内，对被害人及其家人伤害非常大，对其他学生造成了恐惧。齐某的行为具备《最高人民法院、最高人民检察院、公安部、司法部关于依法惩治性侵害未成年人犯罪的意见》第二十五条规定的多项"更要依法从严惩处"的情节，综合评判应认定为"情节恶劣"，判处十年有期徒刑以上刑罚。②本案中齐某的行为属于在"公共场所当众"猥亵儿童。公共场所系供社会上多数人从事工作、学习、文化、娱乐、体育、社交、参观、旅游和满足部分生活需求的一切公用建筑物、场所及其设施的总称，具备由多数人进出、使用的特征。基于对未成年人保护的需要，《最高人民法院、最高人民检察院、公安部、司法部关于依法惩治性侵害未成年人犯罪的意见》第二十三条明确将"校园"这种除师生外、其他人不能随便进出的场所认定为公共场所。司法实践中也已将教室这种相对封闭的场所认定为公共场所。本案中女生宿舍是二十多人的集体宿舍，和教室一样属于校园的重要组成部分，具有相对涉众性、公开性，应当是公共场所。《最高人民法院、最高人民检察院、公安部、司法部关于依法惩治性侵害未成年人犯罪的意见》第二十三条规定，在公共场所对未成年人实施猥亵犯罪，"只要有其他多人在场，不论在场人员是否实际看到"，均可认定为当众猥亵。本案中齐某在熄灯后进入女生集体宿舍，当时就寝人数较多，床铺之间没有遮挡，其猥亵行为易被同寝他人所感知，符合上述规定"当众"的要求。

原审被告人及其辩护人坚持事实不清、证据不足的辩护意见，理由：一是认定犯罪的直接证据只有被害人陈述，齐某始终不认罪，其他证人证言均是传来证据，没有物证，证据链条不完整。二是被害人陈述前后有矛盾，不一致。且其中一个被害人在第一次陈述中只讲到被猥亵，第二次又讲到被强奸，前后有重大矛盾。

针对辩护意见，检察员答辩：一是被害人陈述的一些细节，如强奸的地点、姿势等，结合被害人年龄及认知能力，不亲身经历，难以编造。二是齐某性侵次数多、时间跨度长，被害人年龄小，前后陈述有些细节上的差异和模糊是正常的，恰恰符合被害人的记忆特征。且被害人对基本事实和情节的描述是稳定的。有的被害人虽然在第一次询问时没有陈述被强奸，但在此后对没有陈述的原因做了解释，即当时学校老师在场，不敢讲。这一理由符合孩子的心理。三是被害人同学证言虽然是传来证据，但其是在犯罪发生之后即得知有关情况，因此证明力较强。四是齐某及其辩护人对其辩解没有提供任何证据或者线索的支持。

2018年6月11日，最高人民法院召开审判委员会会议审议本案，最高人民检察院检察长列席会议并发表意见：一是最高人民检察院抗诉书认定的齐某犯罪事实、情节符合客观实际。性侵害未成年人案件具有客观证据、直接证据少，被告人往往不认罪等特点。本案中，被害人家长与原审被告人之前不存在矛盾，案发过程自然。被害人陈述及同学证言符合案发实际和儿童心理，证明力强。综合全案证据看，足以排除合理怀疑，能够认定原审被告人强奸、猥亵儿童的犯罪事实。二是原审被告人在女生宿舍猥亵儿童的犯罪行为属于在"公共场所当众"猥亵。考虑本案具体情节，原审被告人猥亵儿童的犯罪行为应当判处十年有期徒刑以上刑罚。三是某省高级人民法院二审判决确有错误，依法应当改判。

2018年7月27日，最高人民法院作出终审判决，认定原审被告人齐某犯强奸罪，判处无期徒刑，剥夺政治权利终身；犯猥亵儿童罪，判处有期徒刑十年；决定执行无期徒刑，剥夺政治权利终身。

【指导意义】

（一）准确把握性侵未成年人犯罪案件证据审查判断标准

对性侵未成年人犯罪案件证据的审查，要根据未成年人的身心特点，按照有别于成年人的标准予以判断。审查言词证据，要结合全案情况予以分析。根据经验和常识，未成年人的陈述合乎情理、逻辑，对细节的描述符合其认知和表达能力，且有其他证据予以印证，被告人的辩解没有证据支持，结合双方关系不存在诬告可能的，应当采纳未成年人的陈述。

（二）准确适用奸淫幼女"情节恶劣"的规定

刑法第二百三十六条第三款第一项规定，奸淫幼女"情节恶劣"的，处十年以上有期徒刑、无期徒刑或者死刑。《最高人民法院、最高人民检察院、公安部、司法部关于依法惩治性侵害未成年人犯罪的意见》第二十五条规定了针对未成年人实施强奸、猥亵犯罪"更要依法从严惩处"的七种情形。实践中，奸淫幼女具有从严惩处情形，社会危害性与刑法第二百三十六条第三款第二至四项相当的，可以认为属于该款第一项规定的"情节恶劣"。例如，该款第二项规定的"奸淫幼女多人"，一般是指奸淫幼女三人以上。本案中，被告人具备教师的特殊身份，奸淫二名幼女，且分别奸淫多次，其危害性并不低于奸淫幼女三人的行为，据此可以认定符合"情节恶劣"的规定。

（三）准确适用"公共场所当众"实施强奸、猥亵未成年人犯罪的规定

刑法对"公共场所当众"实施强奸、猥亵未成年人犯罪，作出了从重处罚的规定。《最高人民法院、最高人民检察院、公安部、司法部关于依法惩治性侵害未成年人犯罪的意见》第二十三条规定了在"校园、游泳馆、儿童游乐场等公共场所"对未成年人实施强奸、猥亵犯罪，可以认定为在"公共场所当众"实施犯罪。适用这一规定，是否属于"当众"实施犯罪至为关键。对在规定列举之外的场所实施强奸、猥亵未成年人犯罪的，只要场所具有相对公开性，且有其他多人在场，有被他人感知可能的，就可以认定为在"公共场所当众"犯罪。最高人民法院对本案的判决表明：学校中的教室、集体宿舍、公共厕所、集体洗澡间等，是不特定未成年人活动的场所，在这些场所实施强奸、猥亵未成年人犯罪的，应当认定为在"公共场所当众"实施犯罪。

【相关规定】

《中华人民共和国刑法》第二百三十六条、第二百三十七条

《中华人民共和国刑事诉讼法》第五十五条

《最高人民法院、最高人民检察院、公安部、司法部关于依法惩治性侵害未成年人犯罪的意见》第二条、第二十三条、第二十五条

讨论：你对废除死刑持何观点？理由是什么？

第四章
职务犯罪检察

【学习目标】

掌握职务犯罪检察的概念；

了解职务犯罪检察的办案流程；

了解国家监察体制改革下职务犯罪检察业务重塑。

【重点和难点】

了解监察机关的立案调查流程；

了解监检衔接的基本知识；

了解提前介入监察机关办理职务犯罪案件的相关知识。

【案例导入】

李某贪污案①

（检例第 74 号）

【关键词】

违法所得没收程序　犯罪嫌疑人到案　程序衔接

【要旨】

对于贪污贿赂等重大职务犯罪案件，犯罪嫌疑人、被告人逃匿，在通缉一年后不能到案，如果有证据证明有犯罪事实，依照刑法规定应当追缴其违法所得及其他涉案财产的，应当依法适用违法所得没收程序办理。违法所得没收裁定生效后，在逃的职务犯罪嫌疑人自动投案或者被抓获，监察机关调查终结移送起诉的，检察机

① 选自最高人民检察院第二十批指导性案例，2020 年 7 月 16 日发布。

关应当依照普通刑事诉讼程序办理，并与原没收裁定程序做好衔接。

【基本案情】

被告人李某，男，江西省上饶市某县财政局经济建设股原股长。

2006年10月至2010年12月，李某利用担任某县财政局经济建设股股长管理该县基本建设专项资金的职务便利，伙同该股副股长张某（已判刑）、农村信用联社城区信用社主任徐某（已判刑）等人，采取套用以往审批手续、私自开具转账支票并加盖假印鉴、制作假银行对账单等手段，骗取县财政局基建专项资金共计人民币9 400万元。除李某与徐某赌博挥霍及同案犯分得部分赃款外，其余赃款被李某占有。李某用上述赃款中的人民币240余万元为其本人及家人办理了移民新加坡的手续及在新加坡购置房产；将上述赃款中的人民币2 700余万元通过新加坡中央人民币汇款服务私人有限公司兑换成新加坡元，转入本人及妻子在新加坡大华银行的个人账户内。后李某夫妇使用转入个人账户内的新加坡元用于购买房产及投资，除用于项目投资的150万新加坡元外，其余均被新加坡警方查封扣押，合计540余万新加坡元（折合人民币2 600余万元）。

【检察工作情况】

（一）国际合作追逃，异地刑事追诉。2011年1月29日，李某逃往新加坡。2011年2月13日，该县人民检察院以涉嫌贪污罪对李某立案侦查，同月16日，上饶市人民检察院以涉嫌贪污罪对李某决定逮捕。中新两国未签订双边引渡和刑事司法协助条约，经有关部门充分沟通协商，决定依据两国共同批准加入的《联合国反腐败公约》和司法协助互惠原则，务实开展该案的国际司法合作。为有效开展工作，中央追逃办先后多次组织召开案件协调会，由监察、检察、外交、公安、审判和司法行政以及地方执法部门组成联合工作组先后8次赴新加坡开展工作。因中新两国最高检察机关均被本国指定为实施《联合国反腐败公约》司法协助的中央机关，其中6次由最高人民检察院牵头组团与新方进行工作磋商，拟定李某案国际司法合作方案，相互配合，分步骤组织实施。

2011年2月23日，公安部向国际刑警组织请求对李某发布红色通报，并向新加坡国际刑警发出协查函。2011年3月初，新加坡警方拘捕李某。随后新加坡法院发出冻结令，冻结李某夫妇转移到新加坡的涉案财产。2012年9月，新加坡总检察署以三项"不诚实盗取赃物罪"指控李某。2013年8月15日，新加坡法院一审判决认定对李某的所有指控罪名成立，判处其15个月监禁。

（二）适用特别程序，没收违法所得。李某贪污公款9 400万元人民币的犯罪事实，有相关书证、证人证言及同案犯供述等予以证明。根据帮助李某办理转账、移民事宜的相关证人证言、银行转账凭证复印件、新加坡警方提供的《事实概述》、新加坡法院签发的扣押财产报告等证据，能够证明被新加坡警方查封、扣押、冻结的李某夫妇名下财产，属于李某贪污犯罪违法所得。

李某在红色通报发布一年后不能到案，2013年3月6日，上饶市人民检察院向上饶市中级人民法院提出没收李某违法所得申请。2015年3月3日，上饶市中级人民法院作出一审裁定，认定李某涉嫌重大贪污犯罪，其逃匿新加坡后被通缉，一年后未能到案。现有证据能够证明，被新加坡警方扣押的李某夫妇名下财产共计540余万新加坡元，均系李某的违法所得，依法予以没收。相关人员均未在法定期限内提出上诉，没收裁定生效。2016年6月29日，新加坡高等法院作出判决，将扣押的李某夫妇名下共计540余万新加坡元涉案财产全部返还中方。

（三）迫使回国投案，依法接受审判。为迫使李某回国投案，中方依法吊销李某全家四人中国护照并通知新方。2015年1月，新加坡移民局作出取消李某全家四人新加坡永久居留权的决定。2015年2月2日，李某主动写信要求回国投案自首。2015年5月9日，李某被遣返回国，同日被执行逮捕。2015年12月30日，上饶市人民检察院以李某犯贪污罪，向上饶市中级人民法院提起公诉。2017年1月23日，上饶市中级人民法院以贪污罪判处李某无期徒刑，剥夺政治权利终身，并处没收个人全部财产。扣除同案犯徐某等人已被追缴的赃款以及依照违法所得没收程序裁定没收的赃款，剩余赃款继续予以追缴。

【指导意义】

（一）对于犯罪嫌疑人、被告人逃匿的贪污贿赂等重大职务犯罪案件，符合法定条件的，人民检察院应当依法适用违法所得没收程序办理。对于贪污贿赂等重大职务犯罪案件，犯罪嫌疑人、被告人逃匿，在通缉一年后不能到案，如果有证据证明有犯罪事实，依照刑法规定应当追缴其违法所得及其他涉案财产的，人民检察院应当依法向人民法院提出没收违法所得的申请，促进追赃追逃工作开展。

（二）违法所得没收裁定生效后，犯罪嫌疑人、被告人到案的，人民检察院应当依照普通刑事诉讼程序审查起诉。人民检察院依照特别程序提出没收违法所得申请，人民法院作出没收裁定生效后，犯罪嫌疑人、被告人自动投案或者被抓获的，检察机关应当依照普通刑事诉讼程序进行审查。人民检察院审查后，认为犯罪事实清楚，证据确实充分的，应当向原作出裁定的人民法院提起公诉。

（三）在依照普通刑事诉讼程序办理案件过程中，要与原违法所得没收程序做好衔接。对扣除已裁定没收财产后需要继续追缴违法所得的，检察机关应当依法审查提出意见，由人民法院判决后追缴。

【相关规定】

《中华人民共和国刑法》第五十七条第一款、第五十九条、第六十四条、第六十七条第一款、第三百八十二条第一款、第三百八十三条第一款第三项

《中华人民共和国刑事诉讼法》（2012 年 3 月 14 日修正）第十七条、第二百八十条、第二百八十一条、第二百八十二条、第二百八十三条

《中华人民共和国监察法》第四十八条

《最高人民法院、最高人民检察院关于办理贪污贿赂刑事案件适用法律若干问题的解释》第三条第一款、第十九条第一款

《最高人民法院、最高人民检察院关于适用犯罪嫌疑人、被告人逃匿、死亡案件违法所得没收程序若干问题的规定》

第一节　职务犯罪检察的概念与内涵

职务犯罪检察是检察机关负责对法律规定由本院办理的侵犯财产犯罪案件、破坏社会主义市场经济秩序犯罪案件及区监察委员会移送职务犯罪案件的审查逮捕、审查起诉、出庭支持公诉，开展相关立案监督、侦查监督、审判监督以及相关案件的补充侦查。并办理相关刑事申诉案件。

职务犯罪案件一般有以下三个阶段：

（一）监察机关立案调查

根据《国家监察委员会管辖规定（试行）》所列举的监察机关管辖的六大类 88 个职务犯罪案件罪名，一般的贪污贿赂等职务犯罪案件，均由监察机关负责立案调查。

1. 立案调查

《中华人民共和国监察法》规定，监察机关对于报案或者举报，应当接受并按照有关规定处理。

经过初步核实，对监察对象涉嫌职务违法犯罪，需要追究法律责任的，监察机关应当按照规定的权限和程序办理立案手续。

监察机关主要负责人依法批准立案后，应当主持召开专题会议，研究确定调查方案，决定需要采取的调查措施。

立案调查决定应当向被调查人宣布，并通报相关组织。涉嫌严重职务违法或者职务犯罪的，应当通知被调查人家属，并向社会公开发布。

2. 留置被调查人员

被调查人涉嫌贪污贿赂、失职渎职等严重职务违法或者职务犯罪，监察机关已经掌握其部分违法犯罪事实及证据，仍有重要问题需要进一步调查，并有下列情形之一的，经监察机关依法审批，可以将其留置在特定场所：

（1）涉及案情重大、复杂的；

（2）可能逃跑、自杀的；

（3）可能串供或者伪造、隐匿、毁灭证据的；

（4）可能有其他妨碍调查行为的。

对涉嫌行贿犯罪或者共同职务犯罪的涉案人员，监察机关可以依照前款规定采取留置措施。留置场所的设置、管理和监督依照国家有关规定执行。

（二）监察机关办理案件期限

1. 调查留置期限

监察机关采取留置措施，应当由监察机关领导人员集体研究决定。设区的市级以下监察机关采取留置措施，应当报上一级监察机关批准。省级监察机关采取留置措施，应当报国家监察委员会备案。

留置时间不得超过三个月。在特殊情况下，可以延长一次，延长时间不得超过三个月。省级以下监察机关采取留置措施的，延长留置时间应当报上一级监察机关批准。监察机关发现采取留置措施不当的，应当及时解除。

2. 通知被留置人员所在单位和家属期限

被调查人采取留置措施后，应当在二十四小时以内，通知被留置人员所在单位和家属，但有可能毁灭、伪造证据，干扰证人作证或者串供等有碍调查情形的除外。有碍调查的情形消失后，应当立即通知被留置人员所在单位和家属。

3. 留置期折抵刑期

被留置人员涉嫌犯罪移送司法机关后，被依法判处管制、拘役和有期徒刑的，留置一日折抵管制二日，折抵拘役、有期徒刑一日。

（三）检察机关审查起诉阶段

1. 检察机关审查起诉流程

对监察机关移送的案件，人民检察院依照《中华人民共和国刑事诉讼法》对被调查人采取强制措施。

监察机关移送的已经采取留置措施的案件，检察机关受理后作出拘留决定，报公安机关执行。执行拘留后，留置措施自动解除。

执行拘留后10日内，特殊情况下14日内，检察机关作出是否逮捕、取保候审或监视居住的决定。

人民检察院经审查，认为需要补充核实的，应当退回监察机关补充侦查，必要时可以自行补充侦查。对于补充调查的案件，应当在一个月内补充侦查完毕。补充侦查以二次为限。

人民检察院经审查，认为犯罪事实已经查清，证据确实、充分，依法应当追究刑事责任的，应当作出起诉决定。

2. 法院审判

检察机关可以建议延长审理期限 2 次，每次可延长 1 个月。

适用速裁程序审理的案件，受理后的审判期限为 10 日至 15 日。

适用简易程序审理的案件，受理后的审判期限为 20 日，可能判处 3 年以上有期徒刑的，审判期限可以延长至 1.5 个月。

适用一审普通程序审理的案件，受理后的审判期限为 2~3 个月，可能判处死刑、附带民事诉讼、交、流、广、集之一的经批准可以延长 3 个月，即一审最长的审判期限为 6 个月。

当事人不服一审判决上诉，或者检察机关抗诉的，对于不服判决的审查期限为 10 日，对于不服裁定的审查期限为 5 日。

（1）审查逮捕：对公安机关、监察委员会、国家安全机关等提请批准逮捕的案件进行审查，决定是否逮捕犯罪嫌疑人。

（2）审查起诉：检察机关代表国家对侦查机关侦查终结或自行侦查终结移送起诉或不起诉的案件进行审查，决定是否将犯罪嫌疑人提交人民法院审判的专门诉讼活动。

（3）不起诉：指检察机关对侦查终结移送起诉的案件，经审查认为不应当或者不必要对犯罪嫌疑人追究刑事责任，决定不向人民法院提起公诉，终止刑事诉讼的活动。提起公诉：指检察机关对侦查终结移送起诉的案件，认为犯罪嫌疑人的犯罪事实已经查清，证据确实、充分，依法应当追究刑事责任，将被告人交付有管辖权的人民法院审判的一种诉讼活动。

（4）出庭支持公诉：指公诉人代表国家出席公诉案件的法庭审理，指控犯罪，通过法庭调查、法庭辩论，阐明公诉意见，论证公诉主张，促使人民法院依法判决被告人有罪并处以相应刑罚的诉讼活动。

（5）立案监督：指根据《中华人民共和国刑事诉讼法》第一百一十三条之规定，对于侦查机关应当立案侦查而不立案侦查的案件依法开展立案监督。根据《人民检察院刑事诉讼规则》第五百五十二条之规定，人民检察院依法对公安机关的刑事立案活动实施监督。

（6）侦查监督：是指人民检察院审查逮捕、审查起诉时，依法对侦查机关（部门）的侦查活动是否合法进行的法律监督，包括对讯问、询问、勘验检查、搜查、扣押物证及书证等侦查行为的监督和对遗漏罪行、遗漏同案犯罪嫌疑人情形的监督。发现侦查活动中的违法行为，应当及时通知纠正；对以刑讯逼供或暴力取证获取的非法证据依法予以排除，侦查人员违法行为情节严重构成犯罪的，依法及时移送本院相关部门审查，并报告检察长；认为存在遗漏罪行、遗漏同案犯罪嫌疑人、证据等情形，需要补充侦查的，退回侦查机关向其提出补充侦查的书面意见或自行补充侦查，发现侦查机关移送起诉罪名不正确的予以改变。

（7）刑事审判监督是指人民检察院依法对人民法院的刑事审判活动是否合法所进行的法律监督，包含两个方面的内容：一是对刑事审判程序是否合法进行监督。公诉部门通过出席一审、二审、再审法庭，或者通过庭外调查，审阅审判卷宗，以及受理申诉、控告等途径对刑事审判程序是否合法进行监督。二是对刑事判决、裁定是否正确进行监督。对刑事判决、裁定是否正确进行监督的主要方式是提起刑事抗诉，刑事抗诉是人民检察院认为刑事判决或裁定确有错误，按照法定诉讼程序，要求人民法院对案件进行重新审理并作出改判的法律监督活动。刑事抗诉包括二审抗诉和再审抗诉。上级人民检察院对下级人民检察院的抗诉有支持抗诉或撤回抗诉的权力。

第二节　职务犯罪检察的办案流程

职务犯罪案件办理流程如图 4-1 所示。

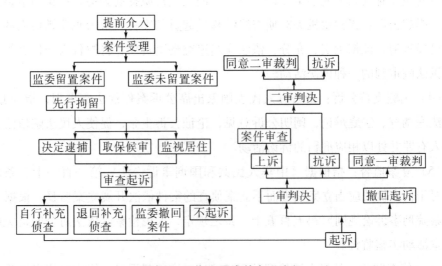

图 4-1　职务犯罪案件办理流程

职务犯罪二审案件办案流程如图 4-2 所示。

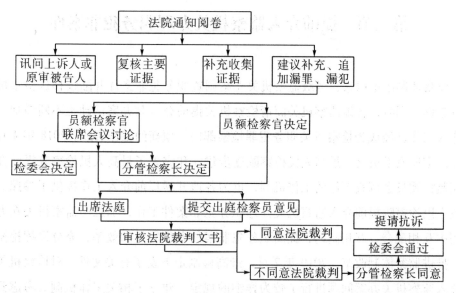

图 4-2　职务犯罪二审案件办案流程

立案监督工作流程如图 4-3 所示。

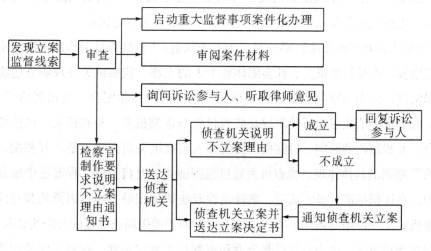

图 4-3　立案监督工作流程

第三节　提前介入监察机关办理职务犯罪案件

监察体制改革以来，各级监察机关立案调查职务犯罪案件并陆续移送检察机关审查起诉，同时，各地监察机关商请检察机关提前介入其办案活动也不断增加，提前介入工作已经成为检察机关职务犯罪检察部门一项新的工作实践。2018 年 4 月以来，国家监察委员会、最高人民检察院逐步建立和完善了最高人民检察院提前介入国家监察委员会调查工作的工作机制，也为各地开展提前介入工作提供了参照。为规范人民检察院提前介入监察机关办理职务犯罪案件工作，加强与监察机关在办案过程中互相配合、互相制约，提高职务犯罪案件办理质量和效率，充分发挥检察职能、推进监察体制改革，2019 年 2 月，最高检制定下发了有关文件，对检察机关提前介入监察机关办案问题进行了较为详细的规定，建立了相关工作机制。考虑到已有专门文件进行规定，《人民检察院刑事诉讼规则》对监察机关办理案件的提前介入工作只进行了原则性规定，即第二百五十六条第二款规定："经监察机关商请，人民检察院可以派员介入监察机关办理的职务犯罪案件。"司法实践中，检察机关提前介入监察机关办案工作要依照上述提前介入的有关规定执行。

《中华人民共和国宪法》第一百二十七条规定："监察委员会依照法律规定独立行使监察权，不受行政机关、社会团体和个人的干涉。监察机关办理职务违法和职务犯罪案件，应当与审判机关、检察机关、执法部门互相配合、互相制约。"该条确立了监察机关依法独立行使职权及监察机关与审判机关、检察机关、执法部门互相配合、互相制约的原则。检察机关提前介入监察机关调查活动是"互相配合、互相制约"原则的具体体现。检察机关通过范围适当、时机及时、程度适中地介入调查行为，对证据标准、事实认定、案件定性及法律适用等方面提出意见和建议，帮助监察机关完善证据链条和证明体系，不仅有助于增强调查取证的合法性和充分性，提高调查活动质效，也为案件提起公诉和审判打下坚实基础，有利于保障职务犯罪案件的整体办理效果，充分体现了双赢多赢共赢理念。实践中，检察机关提前介入监察机关调查活动发挥了积极作用，总体双方协作配合顺畅、但也存在需要完善的地方，下一步要不断完善配合协作机制，不断提升提前介入的质量和水平。关于检察机关提前介入监察机关办理职务犯罪案件工作，需要重点把握以下七个问题：

（一）提前介入的主要任务

提前介入监察机关调查案件与介入普通刑事案件相比较，具有其自身的特殊性。

对于普通刑事案件，检察机关刑事检察部门提前介入的主要职责是引导侦查取证，审查证据材料，对案件事实认定、法律适用问题提出意见和建议，同时履行侦查监督职能。而对于监察机关的调查活动，主要发挥的是配合与制约功能，包括对案件定性、证据收集、事实认定、法律适用、案件管辖等提出意见和建议，保证案件顺利进入起诉阶段等。

提前介入是监检衔接的重要方式和集中体现，通过提前介入强化审前过滤作用，保证案件质量，减少程序倒流。对于有些没有犯罪事实的或者介入的检察机关认为即使经补查也不符合起诉条件的，可以建议调查机关依法处理，不再进入审查起诉程序，简化诉讼流程；贯彻疑罪从无原则，对于定罪证据不足的案件，在提前介入阶段可以明确告知诉讼风险。

（二）提前介入的主体

人民检察院提前介入监察机关办理职务犯罪案件工作，经检察长批准由检察官办案组或检察官介入。考虑基于审级问题，案件公诉承办部门一般都在地市级院以下，最高检和省级院对等介入同级监察机关办理的案件，都会涉及由下级检察院具体承办的实际情况。因此，实践中主要有两种介入方式，一种是上级人民检察院指导承办案件的检察院派员介入，即主要由下级承办案件的检察院介入；另一种是上级人民检察院与承办案件的检察院共同派员介入。

（三）提前介入的案件范围

监察机关办理的重大、疑难、复杂案件，可以商请有管辖权的同级人民检察院提前介入。对拟指定起诉、审判管辖的案件，监察机关在办理商请指定管辖手续后，同级人民检察院应当派员或者指导被指定管辖的下级人民检察院派员介入，或者共同派员介入。对于被调查人既涉嫌职务犯罪又涉嫌其他犯罪的案件，拟移送人民检察院并案审查起诉的，人民检察院在提前介入时应当对全案进行审查。

对于监察机关办理的职务犯罪案件，以下三类情形的案件检察机关可以提前介入：①在当地有重大影响的案件；②在事实认定、证据采信、案件定性以及法律适用等方面存在重大分歧的疑难、复杂案件；③其他需要提前介入的案件。需要特别指出的是，检察机关提前介入职务犯罪案件，需要以监察机关商请为前提条件，不能主动介入。

（四）提前介入的工作时间

监察机关商请人民检察院提前介入职务犯罪案件，由监察机关案件审理部门负责与有管辖权的同级人民检察院职务犯罪检察部门联系对接，一般应当在案件进入正式审理阶段、拟移送人民检察院审查起诉15日以前，检察机关经监察机关书面商请可以派员提前介入。

检察机关一般应当在提前介入后 10 日内审核案件材料，并对证据收集、事实认定、案件定性、法律适用等提出书面意见。需要强调的是，提前介入的检察官办案组或检察官，不得以监察机关的名义或者借调办案等方式参与监察机关案件调查活动。

（五）提前介入的方式方法

人民检察院提前介入时，监察机关调查部门负责向人民检察院职务犯罪检察部门移送相关案卷材料。其间，监察机关案件审理部门可以会同调查部门向人民检察院介绍案件事实和证据等情况。

检察机关提前介入监察机关办理职务犯罪案件，可以采取以下工作方式：①听取监察机关关于案件事实和证据情况的介绍；②查阅案件监察文书和证据材料；③需要对证据合法性进行审查的，可以提请调看讯问被调查人、询问证人同步录音录像；④其他必要的工作方式。

检察机关提前介入监察机关办理职务犯罪案件，可以就以下问题提出意见和建议：①对调查部门已经获取的证据材料进行分析，提出进一步补充、固定、完善证据的工作建议，全面客观地收集证明被调查人有罪、罪重以及无罪、罪轻的证据；②对案件事实和性质认定、法律适用以及涉案财物处理等问题提出意见和建议；③对审查发现的非法证据提出依法排除或者重新收集的意见，对瑕疵证据提出完善补正的意见；④对案件管辖问题提出意见和建议；⑤对是否需要采取强制措施以及采取何种强制措施进行审查；⑥对监察文书是否齐全、卷宗材料是否齐备等提出意见和建议；⑦对其他需要解决的法律问题提出意见和建议。

（六）提前介入意见的反馈

关于提前介入工作意见如何向监察机关反馈，主要涉及三个方面的问题：一是作出反馈的检察机关。人民检察院职务犯罪检察部门负责向监察机关案件审理部门反馈提前介入意见。上级人民检察院指导下级人民检察院派员介入或者共同派员介入的，上下级人民检察院应当加强沟通，形成一致意见后反馈。二是反馈的形式。检察机关职务犯罪检察部门要向监察机关案件审理部门书面反馈提前介入意见。三是反馈的内容。书面反馈意见应当包括提前介入工作的基本情况、案件事实、定性意见、完善证据意见、法律适用意见，以及需要研究和说明的问题等内容。

（七）提前介入与审查起诉工作的衔接

案件移送审查起诉后，检察机关一般宜将案件交由提前介入调查的检察官办理，确因工作需要的，也可另行安排办案人员。审查起诉检察官要根据监察机关正式移送的案件材料，严格依法审查案件，不得以提前介入意见代替审查起诉意见。审查起诉意见和提前介入意见不一致的，应当在作出提起公诉等决定前及时与监察机关案件审理部门沟通。需要注意的是，提前介入工作一方面是做好审查起诉工作、确保案件质量效率的基础，另一方面是和审查起诉不能相互替代的两个不同阶段，必须防止以提前介入意见代替审查起诉意见的情况出现，确保审查起诉阶段依法审查。

【典型案例】

浙江省某县图书馆及赵某、徐某某
单位受贿、私分国有资产、贪污案①
（检例第 73 号）

【关键词】

单位犯罪　追加起诉　移送线索

【要旨】

人民检察院在对职务犯罪案件审查起诉时，如果认为相关单位也涉嫌犯罪，且单位犯罪事实清楚、证据确实充分，经与监察机关沟通，可以依法对犯罪单位提起公诉。检察机关在审查起诉中发现遗漏同案犯或犯罪事实的，应当及时与监察机关沟通，依法处理。

【基本案情】

被告单位浙江省某县图书馆，全额拨款的国有事业单位。

被告人赵某，男，某县图书馆原馆长。

被告人徐某某，男，某县图书馆原副馆长。

（一）单位受贿罪

2012 年至 2016 年，为提高福利待遇，经赵某、徐某某等人集体讨论决定，某县图书馆通过在书籍采购过程中账外暗中收受回扣的方式，收受 A 书社梁某某、B 公司、C 图书经营部潘某某所送人民币共计 36 万余元，用于发放工作人员福利及支付本单位其他开支。

（二）私分国有资产罪

2012 年至 2016 年，某县图书馆通过从 A 书社、B 公司、C 图书经营部虚开购书发票、虚列劳务支出、采购价格虚高的借书卡等手段套取财政资金 63 万余元，经赵某、徐某某等人集体讨论决定，将其中的 56 万余元以单位名义集体私分给本单位工

---

① 选自最高人民检察院第二十批指导性案例，2020 年 7 月 16 日发布。

作人员。

（三）贪污罪

2015年，被告人徐某某利用担任某县图书馆副馆长，分管采购业务的职务之便，通过从C图书经营部采购价格虚高的借书卡的方式，套取财政资金3.8万元归个人所有。

【检察工作情况】

（一）提前介入提出完善证据体系意见，为案件准确定性奠定基础。某县监察委员会以涉嫌贪污罪、受贿罪对赵某立案调查，县人民检察院提前介入后，通过梳理分析相关证据材料，提出完善证据的意见。根据检察机关意见，监察机关进一步收集证据，完善了证据体系。2018年9月28日，县监察委员会调查终结，以赵某涉嫌单位受贿罪、私分国有资产罪移送县人民检察院起诉。

（二）对监察机关未移送起诉的某县图书馆，直接以单位受贿罪提起公诉。某县监察委员会对赵某移送起诉后，检察机关审查认为，某县图书馆作为全额拨款的国有事业单位，在经济往来中，账外暗中收受各种名义的回扣，情节严重，根据《中华人民共和国刑法》第三百八十七条之规定，应当以单位受贿罪追究其刑事责任，且单位犯罪事实清楚，证据确实充分。经与监察机关充分沟通，2018年11月12日，县人民检察院对某县图书馆以单位受贿罪，对赵某以单位受贿罪、私分国有资产罪提起公诉。

（三）审查起诉阶段及时移送徐某某涉嫌贪污犯罪问题线索，依法追诉漏犯漏罪。检察机关对赵某案审查起诉时，认为徐某某作为参与集体研究并具体负责采购业务的副馆长，属于其他直接责任人员，也应以单位受贿罪、私分国有资产罪追究其刑事责任。同时在审查供书商账目时发现，其共有两次帮助某县图书馆以虚增借书卡制作价格方式套取财政资金，但赵某供述只套取一次财政资金用于私分，检察人员分析另一次套取的3.8万元财政资金很有可能被经手该笔资金的徐某某贪污，检察机关遂将徐某某涉嫌贪污犯罪线索移交监察机关。监察机关立案调查后，通过进一步补充证据，查明了徐某某参与单位受贿、私分国有资产以及个人贪污的犯罪事实。2018年11月16日，县监察委员会调查终结，以徐某某涉嫌单位受贿罪、私分国有资产罪、贪污罪移送县人民检察院起诉。2018年12月27日，县人民检察院对徐某某以单位受贿罪、私分国有资产罪、贪污罪提起公诉。

2018年12月20日，某县人民法院以单位受贿罪判处某县图书馆罚金人民币二十万元；以单位受贿罪、私分国有资产罪判处赵某有期徒刑一年二个月，并处罚金人民币十万元。2019年1月10日，某县人民法院以单位受贿罪、私分国有资产罪、贪污罪判处徐某某有期徒刑一年，并处罚金人民币二十万元。

【指导意义】

（一）检察机关对单位犯罪可依法直接追加起诉。人民检察院审查监察机关移送起诉的案件，应当查明有无遗漏罪行和其他应当追究刑事责任的人。对于单位犯罪案件，监察机关只对直接负责的主管人员和其他直接责任人员移送起诉，未移送起诉涉嫌犯罪单位的，如果犯罪事实清楚，证据确实充分，经与监察机关沟通，检察机关对犯罪单位可以依法直接提起公诉。

（二）检察机关在审查起诉中发现遗漏同案犯或犯罪事实的，应当及时与监察机关沟通，依法处理。检察机关在审查起诉中，如果发现监察机关移送起诉的案件遗漏同案职务犯罪人或犯罪事实的，应当及时与监察机关沟通，依法处理。如果监察机关在本案审查起诉期限内调查终结移送起诉，且犯罪事实清楚，证据确实充分的，可以并案起诉；如果监察机关不能在本案审查起诉期限内调查终结移送起诉，或者虽然移送起诉，但因案情重大复杂等原因不能及时审结的，也可分案起诉。

【相关规定】

《中华人民共和国刑法》第三十条，第三十一条，第三百八十二条第一款，第三百八十三条第一款第一项、第三款，第三百八十七条，第三百九十六条第一款

《中华人民共和国刑事诉讼法》第一百七十六条

《中华人民共和国监察法》第三十四条

第五章
经济犯罪检察

【学习目标】

掌握经济类犯罪检察的概念；

了解经济类犯罪检察的主要内容；

了解知识产权保护和企业合规中的检察履职。

【重点和难点】

了解并掌握经济犯罪检察应把握的四对关系；

了解知识产权检察履职；

了解企业合规的基本概念和内涵。

【案例导入】

郭某某、徐某某等人伪造货币案①
（检例第 176 号）

【关键词】

伪造货币 网络犯罪 共同犯罪 主犯 全链条惩治

【要旨】

行为人为直接实施伪造货币人员提供专门用于伪造货币的技术或者物资的，应当认定其具有伪造货币的共同犯罪故意。通过网络积极宣传、主动为直接实施伪造货币人员提供伪造货币的关键技术、物资，或者明知他人有伪造货币意图，仍积极提供专门从事伪造货币相关技术、物资等，应当认定其在共同伪造货币犯罪中起主

① 选自最高人民检察院第四十四批指导性案例，2023 年 5 月 11 日发布。

要作用，系主犯，对其实际参与的伪造货币犯罪总额负责。对于通过网络联络、分工负责、共同实施伪造货币犯罪案件，检察机关应当注重对伪造货币犯罪全链条依法追诉。

【基本案情】

被告人郭某某，男，防伪纸网络代理商。

被告人徐某某，男，防伪纸网络代理商。

被告人胡某云、于某某、胡某武、胡某康、宋某某，均系无业人员。

2018 年 9 月，徐某某成为某品牌防伪纸网络代理商后，组建多个 QQ 群，发布销售防伪纸广告。徐某某利用该防伪纸自行制造假币，在 QQ 群发布视频炫耀，至案发共伪造人民币 2.906 万元。郭某某等意图伪造货币的人员通过网络广告加入徐某某建立的 QQ 群，购买防伪纸用于制造假币。郭某某认识徐某某后，也成为该防伪纸销售代理商，徐某某向其出售防伪纸、印章、假币电子模板等设备、材料，并传授制造假币技术。

2018 年 9 月至 11 月，徐某某通过网络与胡某云、于某某、胡某武、胡某康、宋某某共同伪造货币：①徐某某通过网络向意图伪造货币的胡某云出售防伪纸、印油、丝印台、假币电子模板等制造假币材料，胡某云纠集同村村民于某某、胡某武共同制造假币。在胡某云等人制造假币遇到困难时，徐某某通过 QQ 远程操控电脑提供制假技术支持。胡某云等人共伪造人民币 1.8 万元，并使用了部分假币。②徐某某通过网络向胡某康出售防伪纸、丝印网版等制造假币的材料，并赠送假币电子模板，胡某康纠集其堂弟宋某某共同伪造人民币 1.636 万元，并使用了部分假币。

其间，郭某某、徐某某还通过网络分别或者共同与山西、贵州、河北、福建、山东等地相关人员伪造货币：①郭某某通过网络向意图伪造货币的张某出售防伪纸、打印机、假币模板、丝印网版等制造假币设备材料，并传授制造假币技术，张某据此伪造人民币 3.822 万元。②郭某某通过网络向意图伪造货币的廖某出售防伪纸、丝印网版、印油、丝印网水等制造假币的材料，并赠送假币电子模板，廖某与汪某某、陈某等人据此共同伪造人民币 96.85 万元。③徐某某通过网络向意图伪造货币的王某某、郭某某出售防伪纸、印章、假币模板等制造假币设备材料，王某某、郭某某据此共同伪造人民币 4 000 张（多为面值 20 元）并销往全国各地，徐某某参与介绍贩卖。④徐某某通过网络向意图伪造货币的邸某某出售防伪纸、印油、印章等制造假币的材料，赠送假币电子模板，传授制造假币技术，邸某某与赵某某据此共同伪造人民币 1.876 万元。⑤徐某某通过网络向意图伪造货币的白某某出售防伪纸，白某某据此伪造人民币 3.352 万元。张某、廖某等上述其他地区的人员均因伪造货币罪被当地法院判处刑罚。

【检察机关履职过程】

（一）审查起诉

2019年2月12日，江西省庐山市公安局以郭某某、徐某某、胡某云、于某某、胡某武、胡某康、宋某某涉嫌伪造货币罪移送起诉。

江西省庐山市人民检察院审查发现，郭某某、徐某某为全国多地伪造货币人员提供了大量制造假币所用防伪纸、丝印网版，并传授制假技术，但是直接实施伪造货币人员身份未查实，两名犯罪嫌疑人是否参与他人制造假币的事实以及具体犯罪数额不清。庐山市人民检察院将案件退回公安机关补充侦查，要求公安机关对全部直接实施伪造货币人员犯罪情况侦查取证。侦查人员赴相关省份提讯相关犯罪嫌疑人，并向当地公安机关调取犯罪嫌疑人供述、证人证言、制假设备及假币相关物证照片、扣押清单、假币鉴定意见等证明郭某某、徐某某与直接实施伪造货币人员共同制造假币的证据材料，固定了共同犯罪的证据。2019年8月19日，江西省庐山市人民检察院以伪造货币罪对郭某某、徐某某等七名被告人提起公诉。

（二）指控和证明犯罪

2019年10月12日，江西省庐山市人民法院依法公开开庭审理。

庭审中，被告人郭某某对指控罪名无异议，但对犯罪事实和犯罪数额提出异议。郭某某的辩护人提出，郭某某只是出售制造假币设备材料和提供制造假币技术，未直接实施伪造货币活动，不应认定为伪造货币的共犯，不应对直接实施伪造货币人员的犯罪数额负责。郭某某的行为属于制造、销售用于伪造货币的版样，应根据犯罪情节量刑。被告人徐某某及其辩护人对犯罪数额提出异议，认为不应将郭某某等人伪造货币的数额计入到徐某某名下。

公诉人答辩指出，被告人计算机、手机、U盘等电子设备中的聊天记录、电子邮件、交易记录、制作假币相关应用程序等电子数据以及被告人供述证实，被告人郭某某、徐某某在向直接实施伪造货币的人员销售可用于制造假币的防伪纸、打印机等通用设备材料以外，还销售专门用于制造假币的电子模板、印章、丝印网版，足以认定其与伪造货币人员具有制造假币的共同故意。而且，二被告人不仅销售制造假币所需的设备材料，还提供制造假币技术，被告人徐某某在他人制造假币遇到问题时，甚至远程控制他人电脑直接操作，足以认定二被告人在各自参与的伪造货币共同犯罪中起主要作用，系主犯，应当对他人实际使用二被告人提供的设备材料、技术伪造货币的总额负责。被告人胡某云、胡某康主动联系徐某某购买制造假币材料、学习制造假币技术并制造假币，均系主犯。被告人于某某、胡某武、宋某某按照指令从事从属性工作，在共同犯罪中起次要、辅助作用，系从犯。

（三）处理结果

2019 年 11 月 14 日，庐山市人民法院以伪造货币罪判处被告人郭某某有期徒刑十四年，并处罚金十万元；判处被告人徐某某有期徒刑十二年，并处罚金五万元；判处胡某云等其他五名被告人二年至四年有期徒刑，并处罚金。宣判后，七名被告人均未上诉，判决已生效。

【指导意义】

（一）明知他人意图伪造货币，通过网络提供伪造货币技术、设备或者材料的人员，与直接实施伪造货币的人员构成伪造货币共同犯罪。为直接实施伪造货币人员提供专门用于伪造货币的技术或者设备、材料的，应当认定其具有伪造货币的共同犯罪故意。

（二）对于提供伪造货币的技术、设备或者材料但未直接实施伪造货币行为的人员，应当根据具体行为判断其在共同伪造货币中的地位和作用。通过网络积极宣传、主动为直接实施伪造货币人员提供伪造货币的关键技术、设备、材料，或者明知他人有伪造货币意图，仍积极提供专门从事伪造货币的相关技术、设备、材料等，应当认定其在共同伪造货币犯罪中起主要作用，系主犯，对其实际参与的伪造货币犯罪总额负责。

（三）注重依法能动履职，对伪造货币犯罪全链条追诉。对于通过网络联络、分工负责、共同实施伪造货币犯罪案件，检察机关在审查逮捕、审查起诉时要注重审查伪造货币全链条行为人的犯罪事实是否全部查清，是否遗漏共同犯罪事实。办理利用网络共同伪造货币案件，要注重引导公安机关及时查封、扣押犯罪嫌疑人的计算机、手机、U 盘等电子设备，全面提取社交通信工具中留存的通信记录、交易信息、制造假币应用程序等相关电子数据，以此为基础查清共同犯罪事实。

【相关规定】

《中华人民共和国刑法》第二十五条、第二十六条、第一百七十条

《中华人民共和国刑事诉讼法》第一百七十一条、第一百七十五条

《最高人民法院关于审理伪造货币等案件具体应用法律若干问题的解释》第一条

第一节　经济犯罪检察的概念与内涵

一、经济犯罪检察的概念

经济犯罪检察指的是对破坏社会主义市场经济秩序犯罪案件（含破坏计算机信息系统犯罪、电信网络诈骗、知识产权民事、行政案件）的审查逮捕、审查起诉、出庭支持公诉、抗诉，开展相关立案监督、侦查监督、审判监督以及相关案件的补充侦查等工作。

二、经济犯罪检察的主要内容

（1）审查逮捕：对公安机关提请批准逮捕的案件进行审查，决定是否逮捕犯罪嫌疑人。

（2）审查起诉：检察机关代表国家对侦查机关侦查终结移送起诉的案件进行审查，决定是否将犯罪嫌疑人提交人民法院审判的专门诉讼活动。

（3）不起诉：指检察机关对侦查终结移送起诉的案件，经审查认为不应当或者不必要对犯罪嫌疑人追究刑事责任，决定不向人民法院提起公诉，终止刑事诉讼的活动。

（4）提起公诉：指检察机关对侦查终结移送起诉的案件，认为犯罪嫌疑人的犯罪事实已经查清，证据确实、充分，依法应当追究刑事责任，将被告人交付有管辖权的人民法院审判的一种诉讼活动。

（5）出庭支持公诉：指公诉人代表国家出席公诉案件的法庭审理，指控犯罪，通过法庭调查、法庭辩论，阐明公诉意见，论证公诉主张，促使人民法院依法判决被告人有罪并处以相应刑罚的诉讼活动。

（6）立案监督：指根据《中华人民共和国刑事诉讼法》第一百一十三条之规定，对于侦查机关应当立案侦查而不立案侦查的案件依法开展立案监督。根据《人民检察院刑事诉讼规则》第五百五十二条之规定，人民检察院依法对公安机关的刑事立案活动实施监督。

（7）侦查监督：是指人民检察院审查逮捕、审查起诉时，依法对侦查机关（部门）的侦查活动是否合法进行的法律监督，包括对讯问、询问、勘验检查、搜查、扣押物证及书证等侦查行为的监督和对遗漏罪行、遗漏同案犯罪嫌疑人情形的监督。

若发现侦查活动中的违法行为，应当及时通知纠正；对以刑讯逼供或暴力取证获取的非法证据依法予以排除，侦查人员违法行为情节严重构成犯罪的，依法及时移送本院相关部门审查，并报告检察长；认为存在遗漏罪行、遗漏同案犯罪嫌疑人、证据等情形，需要补充侦查的，退回侦查机关向其提出补充侦查的书面意见或自行补充侦查，发现侦查机关移送起诉罪名不正确的予以改变。

（8）刑事审判监督是指人民检察院依法对人民法院的刑事审判活动是否合法所进行的法律监督，包含两个方面的内容：①对刑事审判程序是否合法进行监督。②公诉部门通过出席一审、二审、再审法庭，或者通过庭外调查，审阅审判卷宗，以及受理申诉、控告等途径对刑事审判程序是否合法进行监督。

（9）对刑事判决、裁定是否正确进行监督。对刑事判决、裁定是否正确进行监督的主要方式是提起刑事抗诉，刑事抗诉是人民检察院认为刑事判决或裁定确有错误，按照法定诉讼程序，要求人民法院对案件进行重新审理并作出改判的法律监督活动。刑事抗诉包括二审抗诉和再审抗诉。上级人民检察院对下级人民检察院的抗诉有支持抗诉或撤回抗诉的权力。

第二节 经济犯罪检察工作需要处理好的四对关系

一、准确处理"刑"与"民"的关系

保护市场主体权益、维护市场经济秩序，是刑事法律和民事法律的共同任务，也是刑事司法和民事司法的共同使命。经济犯罪是直接破坏社会主义市场经济秩序的犯罪，经济犯罪检察工作中首先要处理好的问题就是"刑"与"民"的关系，注意解决好以下三个问题：

一是正确认识"刑"与"民"的相互依存关系。准确地说，要认识到民事法律关系是很大一部分刑事法律关系存在的前提和基础。以假冒注册商标罪为例，《中华人民共和国刑法》第二百一十三条规定："未经注册商标所有人许可在同一种商品、服务上使用与其注册商标相同的商标，情节严重的，处三年以下有期徒刑……"刑法本条规定旨在保护权利人的注册商标专有权，用刑罚的手段打击违法侵害人。但是，我们应当清楚地认识到，本条规定是建立在民法确认并赋予注册商标所有人对注册商标享有专有权这一基础上的。如果我们深入分析，就会发现刑法中诸多保护市场经济秩序和保护财产权、人身权的条款都与相应的民事法律存在着相互依存关系。从这个角度看，我们可以概括为民法是确立秩序，刑法是保护民法确立的秩序。经济犯罪检察工作如不认清这种相互依存关系，就不能准确把握刑法规定的实质，更谈不上正确适用法律。

二是正确把握"刑"与"民"的协同互补关系。一方面，刑法和民法都具有相同的保护作用。当民法确立起一种社会关系，建立相应的社会秩序后，无论是刑法也好，民法也好，都发挥着维护这种社会秩序稳定、保障当事人合法权益的作用。民法通过追究民事责任的方式来发挥保护作用，而刑法则通过追究刑事责任的方式来发挥保护作用。另一方面，刑法和民法的保护作用具有互补性和可替代性。具体来说，就是民事责任和刑事责任具有不同的性质，发挥着不同的保护功能，它们从不同的角度发挥着不同作用，不仅具有互补性，而且具有不可替代性。以民事责任的赔偿损失为例，它的补偿性是刑事责任所不具有的；而以刑事责任的刑罚处罚为例，它的惩罚性又是民事责任所无法发挥的。经济犯罪检察工作认不清这一点，就容易混淆民事责任和刑事责任的功能和作用，陷入"以刑代民"或"以民代刑"的错误。

三是精准把握"刑"与"民"的界限。首先，准确把握运用刑法保护手段的必要性。这在很大程度上是立法层面的问题，也就是说并不是所有的民事权益都必须要纳入刑法的保护范围，只有那些纳入刑法保护范围的民事权益才存在"刑"与"民"的关系问题，否则，就是单纯的民法问题。至于哪些应该纳入刑法的保护范围，则需要深入认识审慎研究，防止刑法保护范围的无限扩张。其次，已经纳入刑法保护范围的权益，要切实把握好"刑"与"民"的界限。这个界限就是犯罪构成。只有在具备犯罪构成的要件时，才能运用刑事保护手段；否则，就是普通民事问题，如果动用刑事保护手段，就容易产生以刑事手段插手民事纠纷的问题。最后，经济犯罪检察工作中的重要问题之一就是充分明确犯罪构成的各个要件。尤其是在刑法条文规定有"情节严重""情节特别严重""情节较轻""情节恶劣""造成严重后果""造成严重危害""遭受重大损失""数额较大""数额巨大"等具有程度因素的犯罪构成条件时，就更要深入研究，努力明晰各种犯罪的程度构成要件，准确区分罪与非罪、此罪与彼罪的界限，确保罪责相适，罚当其罪。

2020年5月28日，第十三届全国人民代表大会第三次会议通过了《中华人民共和国民法典》（以下简称《民法典》），该法于2021年1月1日起正式施行。学习并贯彻实施好《民法典》是经济犯罪检察工作的重要任务。我们在履行好经济犯罪检察职能，贯彻执行好《民法典》的过程中，要善于综合运用民法思维与刑法思维。具体来说，在适用民法时充分运用好民事法律关系的分析方法，在适用刑法时切实以犯罪构成要件为判断标准，准确区分两者界限，精准履责。经济犯罪检察工作要以精准为先导，既不能片面强调民法调整的功能，以赔顶罪、以罚代刑；也不能盲目扩张刑法适用的范围，不当介入民事纠纷，以刑代赔、以罪促赔，二者都会导致社会关系调整的失衡，影响法律适用的综合效果。

二、准确处理"刑"与"行"的关系

经济犯罪多为行政犯，具有违反行政法和违反刑法之双重违法性。违反行政法是前提，行政执法前置往往是共通性特征。检察机关在办理经济犯罪案件时，要在实体和程序两个层面，注重把握好"刑""行"的关系，强化"刑""行"衔接。

在实体层面，在判断经济活动"罪"与"非罪"的界限时，要准确把握行政法与刑事犯罪之间的界限。一方面，行政违法是前提。对于经济犯，刑法一般会以"违反……规定""违反……法规"为犯罪构成要件，行政违法性是判断"罪"与"非罪"的逻辑基础。另一方面，具有行政违法性的行为，并不一定就具有刑事违法性。在经济犯罪与经济违法行为之间往往存在一定的空间，这就要求检察官坚持罪刑法定原则，要以行政违法基础，秉持客观公正立场，结合经济法律政策和立法目的，综合考虑客观因素，对行为是否构成犯罪作出实质判断。特别是对于经济犯罪空白罪状的认定，如《中华人民共和国刑法》第二百二十五条第四项"其他严重扰乱市场经秩序的非法经营行为"，我们首先要准确判断行为是否违反国家规定，要衡量行为本身是否达到严重扰乱市场秩序的程度，考虑与第一项、第三项规定的行为同质性和危害相当性，以此对行为是否构成犯罪依法作出严格认定，防止犯罪认定的边界不适当扩大。

在程序层面，检察官要充分发挥检察机关法律监督的职能，促进行政执法与刑事司法相衔接。一方面，要敢于监督、善于监督，加强与行政机关之间的信息共享和工作联系，对于涉嫌构成犯罪的行政违法案件，及时监督行政机关移送，防止有案不移、以罚代刑。另一方面，对于审查起诉中发现不构成犯罪但需要给予行政处罚的案件，应当在作出不起诉决定的同时，根据刑事诉讼法的规定及时向行政机关提出检察意见，监督行政机关依法作出行政处罚。

三、准确处理"宽"与"严"的关系

宽严相济刑事政策是我国的基本刑事政策，是检察机关惩治犯罪保障人权、正确实施国家法律的行动指南。宽严相济刑事政策贯穿于整个经济犯罪检察工作始终，对我们工作开展同样具有重要的指引作用。在经济犯罪检察工作中，要准确处理好

"宽"与"严"的关系，就是要在严格依法办案基础上，做到该宽则宽，当严则严，宽严并用，宽严相济。

如何做到"该宽则宽"，关键是要准确把握刑事手段的适当性。经济犯罪案件中涉及企业犯罪较多，企业受到刑罚处罚，不仅影响自身正常经营和发展，还会波及职工就业、投资人权益、行业发展甚至社会稳定。因此，在经济犯罪案件办理中，检察官不能只是把自己看作犯罪的追诉人和惩治者，必须保持理性，充分考虑刑事手段的适当性，充分运用刑事政策，推动社会有序治理。一方面，要审慎启动刑事诉讼程序，确保精准打击犯罪，不得以刑事手段不当插手、介入经济纠纷；另一方面，要采取适当的刑事手段，加大认罪认罚从宽制度的适用力度，认真贯彻"少捕慎诉慎押"刑事司法政策，严格保障诉讼参与人的诉讼权利，让各类市场交易主体有良好的竞争环境、有稳定的发展预期。

在经济犯罪检察工作中，不仅要把握好"宽"的尺度，还要掌握好"严"的标准，做到"当严则严"。正如前面所述，当前，经济犯罪呈明显上升趋势，涉众型、跨域化的趋势日益凸显，经济犯罪对人民群众合法权益的危害无论从广度还是程度上都在逐步升级演变。同时，随着信息化、互联网日益影响并嵌入经济生活，经济领域的失范现象增多，特别是一些经济犯罪披上了"互联网+"的外衣，借金融创新、数字创新之名，行违法犯罪之实，具有更大迷惑性和危害性。面对这些层出不穷演变翻新的经济违法犯罪行为，检察机关要主动作为，坚持底线思维，增强风险意识，依法从严惩治、从严监督，坚决防止风险蔓延，维护经济安全和社会稳定。

四、准确处理"惩"与"治"的关系

检察工作是政治性极强的业务工作，也是业务性极强的政治工作。经济犯罪检察工作政策性强，更要坚持把讲政治和讲业务结合起来。长期以来，有些检察官片面认为惩治犯罪是"硬任务"，而参与治理是"软任务"，缺乏主动性、积极性，这实际上是割裂了政治和业务的辩证关系，客观上也削减了司法办案的效果。其实，对于经济犯罪检察工作而言，结合司法办案，参与国家和社会治理往往有着特殊优势和重要作用。

一方面，经济犯罪检察与行政执法对接，能够将反向审视作为前置程序的行政执法全过程，发现其中存在的突出问题和薄弱环节；同时，经济犯罪检察贯穿刑事诉讼全过程，我们既能在刑事司法全流程的视域中去全面掌握经济犯罪的态势，又能在行政执法与刑事司法的视野中有针对性地提出治理的意见建议。

另一方面，如前所述，经济犯罪多为行政犯，相较于故意杀人、故意伤害、强

奸等犯罪，往往犯罪悖德感、社会谴责性相对较低。特别是在信息网络时代，传统的"面对面"犯罪方式，逐渐被"键对键"所取代，行为人在家操作键盘即可轻松实施犯罪，还往往面对不特定的多数人，更是加大了行为的社会危害性。因此，对于检察官来说，不仅要依法办案，严惩犯罪，还要加强以案释法，通过揭示个（类）罪后所体现的犯罪行为的特点、手段和危害，对潜在的不法分子形成有力震慑，引导公众增强法治意识，提高风险防范能力，更好实现群策群力、群防群控经济犯罪的良好社会氛围。

在"惩"和"治"这对关系中，"惩"是前提、是基础，只有惩得精准，才能治得到位，脱离了司法办案这一重要职能，我们提出的治理意见就会空化泛化。要做到惩得精准，首先要做到严格依法，把办案法律效果充分体现出来；同时还要防止就案办案，简单机械司法，加强对案件全局考量和经济政策把握。不仅要关注案件中的政治，还要关照案件中的当事人，做到以法为据、以理服人、以情感人，实现政治效果、社会效果和法律效果的有机统一。

在"惩"和"治"这对关系中，"治"是在"惩"的基础上的推进和升华，只有治得到位，才能彰显"惩"的效果，进一步提升"惩"的品质。我们每个检察官都要充分认识到我们肩负着代表国家履行检察监督办案的神圣职责。我们不仅要做好司法办案的"分内之责"，还要认真思考如何通过刑事办案推动一个方面、一个领域、一个时期的社会治理，精准提出检察建议，提升人民群众的守法经营、理性投资意识，引领社会法律意识和法治观念的进步。

第三节 知识产权检察履职

科技创新是关系未来发展的关键变量，谁能够把握这个变量，谁就占据主动，谁就是弄潮儿，否则就会陷入被动。对世界、对任何一个大国，科技都具有决定性的作用。

在这样的背景下，知识产权保护的意义越发凸显，因为保障科技发展说到底就是保护创新。知识产权从诞生之初就被赋予为"天才之火"添加"利益之油"的使命，实际上就是以制度的形式保障为创新所作的贡献，给予物质利益和精神利益的双重激励，从而激发人们源源不断，孜孜不倦地投入到科技创新的洪流之中。如果巨大的付出没有回报，甚至被别人轻易窃取，并投告无门，那损失的就不仅仅是创新的利益，而是作为荣誉激励体系、科技创新体系的整体利益，就会助长好逸恶劳、投机取巧的"剽窃之风"，而使真正的创新者寒心。在这样的环境下，难以实现科技的长足发展，尤其是在那些需要投入巨大人力成本和资金成本的高精尖领域。

知识产权的司法保护，实际上就是为了在保护科技创新领域的公平规则，通过司法纠正不良的风气、惩罚侵害行为，让创新者可以安心投入工作。虽然近年来法院审理的知识产权案件逐年增多，从2016至2019年已经达到上百万件。但是其中仍然存在举证成本过高、维权程序烦琐、犯罪手段隐蔽等种种问题。有些企业家抱怨，很多侵权产品都需要自己花高价买回来，再去举证维权，但是能够负担得起这些高额成本的企业并不多。对于这些问题，作为中立者的审判机关是难以解决的，而检察机关可以发挥更大的作用。

2020年11月，最高人民检察院成立知识产权检察办公室，整合刑事、民事、行政检察职能，推动形成检察办案监督合力，统筹加强检察机关知识产权的制度设计和研究指导，加强知识产权全方位综合性司法保护。事实上，部分地区检察机关也有知识产权的刑事检察办案组，但职能比较单一，只限于批捕、起诉职能，不能满足在知识产权保护这个专业化司法领域的综合需求。知识产权保护领域虽然很专业，但是刑事、民事、行政领域中法律的基本架构，需要应对解决的专业性问题，甚至保护的重点都是相同的，而且是高度互联的，而且需要的专业性人才也是高度稀缺的，不可能分散放置在多个检察领域。最高人民检察院设置知识产权检察办公室给我们的最大启示就是，四大检察并不是泾渭分明的，集中在一个点上可以综合发挥批捕、起诉、提起公益诉讼、开展民事行政法律监督等多重手段，更能有效发挥打击犯罪、保护公共利益和保护知识产权的作用。

2022年3月1日，最高人民检察院发布《最高人民检察院关于全面加强新时代知识产权检察工作的意见》，坚持以办案为中心，全面提升知识产权检察综合保护质效。

狠抓知识产权刑事检察提质增效。加大对侵犯知识产权犯罪打击力度，聚焦人民群众反映强烈的涉农领域产品、生命健康产品、环境保护产品、地理标志产品和文化体育产品等侵权假冒行为，互联网领域侵权假冒行为以及涉及新业态新领域、关键核心技术侵犯知识产权犯罪，办理一批典型案件，重拳出击，形成震慑。加强刑事立案监督，重点监督对侵犯知识产权犯罪线索应当移送而不移送、应当立案而不立案、不应当立案而立案、长期"挂案"等违法情形，坚决防止和纠正以刑事手段插手民事纠纷、经济纠纷。加强侦查活动监督，深入推进重大、疑难、复杂侵犯知识产权案件介入侦查引导取证和自行补充侦查工作。会同有关部门修订完善知识产权刑事法律和司法解释，配套制定侵犯知识产权犯罪案件立案追诉标准。全面贯彻宽严相济刑事政策，严格落实少捕慎诉慎押刑事司法政策。健全完善非羁押监管措施，推动降低审前羁押率。规范运用认罪认罚从宽制度，做实企业合规，完善检察办案保护创新创业容错机制。全面推广侵犯知识产权刑事案件权利人诉讼权利义务告知工作，提升知识产权保护质效。

强化知识产权民事检察精准履职。积极构建知识产权民事诉讼多元化监督格局，综合运用多种监督手段对确有错误的裁判结果、审判违法行为以及违法执行活动实行有效监督。加强案件来源机制建设，强化依职权监督意识，畅通案件来源渠道。树立精准监督理念，注重对在司法理念方面有纠偏、创新、引领价值的典型案件提出抗诉，"办理一案，治理一片"。加强对知识产权民事审判、执行活动规律的研究，注重发现普遍性、倾向性问题，及时制发类案监督检察建议，增强监督的主动性和实效性。加大对知识产权领域虚假诉讼法律监督力度，会同有关部门健全虚假诉讼防范、发现和追究机制。研究解决知识产权案件管辖改革带来的检察监督问题，减少当事人诉累。

推动知识产权行政检察走深走实。着力强化对商标、专利、植物新品种等授权确权行政案件的类案研究，加大知识产权行政诉讼监督力度。坚持穿透式监督理念，透过行政诉讼监督促进依法行政。加强对反不正当竞争、反垄断以及打击商标恶意抢注行为等行政执法问题的研究，及时向执法部门移送履职中发现的相关案件线索，促进规范市场秩序，保护公平竞争。针对知识产权行政案件管辖集中的特点，健全完善授权确权类行政案件一体化办案机制，适时出台授权确权类行政案件办案指南，探索建立交办、转办、参办等工作机制。

稳步开展知识产权领域公益诉讼。加强对知识产权领域公益诉讼的理论研究和实证分析，把握知识产权公益诉讼的特点和规律。梳理知识产权领域公益诉讼案件线索，依托公益诉讼法定领域积极稳妥拓展知识产权领域公益保护。重点加强国家地理标志产品相关生态环境和资源保护，统筹保护涉及的食品药品安全；从维护粮食安全出发，加强种业知识产权的公益保护；从维护英烈权益出发，加大相关商标权、著作权公益损害案件办理力度；聚焦传统文化、民间文艺、传统知识保护，积极稳妥办理文物和文化遗产公益损害案件。通过办理典型案件回应社会关切、维护社会公共利益。加强与相关执法部门的沟通协作，堵塞管理漏洞，促进社会治理创新。

全面推进知识产权综合司法保护。更新履职理念，强化刑事、民事、行政、公益诉讼等多种检察职能综合履行。立足知识产权刑事、民事、行政、公益诉讼检察职能行使特点，把握综合履职运行规律，积极构建符合知识产权案件特点的综合履职模式。注重加强"刑、民、行、公"交叉案件研究，剖析典型案件，把握类案办理规律。探索开展刑事附带民事诉讼，提升综合保护质效。注重大数据的深度应用，通过大数据分析发现知识产权司法审判、行业监管中的突出问题，有针对性地提出对策建议。

加强商业秘密保护。聚焦高新技术、关键核心技术领域以及事关企业生存和发展的侵犯商业秘密案件，加大案件办理力度。坚持罪刑法定原则，合理界定民事纠纷与刑事犯罪边界。加大对采用盗窃、利诱、欺诈、胁迫、电子侵入或者其他不正当手段侵犯商业秘密犯罪以及为境外的机构、组织、人员，窃取、刺探、收买、非法提供商业秘密犯罪的打击力度。着力加强对侵犯商业秘密行为的研究，把握侵犯商业秘密案件的特点和规律，聚焦取证、举证、认证难点，健全工作机制，提高办案质效。针对商业秘密案件办理中发现的企业、科研机构等在商业秘密保护中存在的问题，及时提出检察建议，督促其健全制度、加强管理。

积极推动知识产权法律法规修改完善，开展知识产权基础性法律研究。积极参与推进专利法、商标法、著作权法、反垄断法、科学技术进步法、电子商务法等相关法律法规的修改完善。准确把握知识产权发展态势，加强新业态新领域知识产权保护规则研究，健全大数据、人工智能、基因技术等新业态新领域知识产权保护制度。探索完善互联网领域知识产权保护制度。加强对规制知识产权滥用行为法律制度的研究，推动完善与知识产权相关的反垄断、反不正当竞争等领域立法。推动传统文化、传统知识等领域保护办法完善。探索建立重大创新平台司法服务保障机制，提供信息查询、法律咨询、举报申诉等司法服务，将司法保护延伸到科技创新最前沿。

深入推进知识产权国际合作。秉持人类命运共同体理念，围绕构建更加公正合理的知识产权治理体制、营造良好外部环境，积极参与相关条约的磋商和谈判，服务保障国家参与世界知识产权组织框架下的全球知识产权治理。积极完善跨境司法协作安排，加强防范打击侵犯知识产权犯罪国际合作。严格依法办理涉外知识产权案件，平等保护外国权利人合法权益。依托"一带一路"知识产权合作平台，积极深化与相关国家、组织的合作和交流，讲好中国知识产权故事。

第四节　企业合规

企业合规是指企业在经营过程中遵守法律和规则，为规避或减轻因违法违规经营而承担的行政责任、刑事责任、经济损失以及企业声誉损失等而采取的一种内部控制和自我约束的一种机制，是现代企业的一种治理方式。

企业开展合规管理，不仅能保证经营活动的合法性，防范法律风险，提高可持续发展能力，而且有助于维护市场经济秩序，促进经济社会的高质量发展。

2021 年 6 月，最高人民检察院、司法部、财政部、生态环境部、国务院国有资产监督管理委员会、国家税务总局、国家市场监督管理总局、中华全国工商业联合会、中国国际贸易促进委员会等 9 部委联合制发《关于建立涉案企业合规第三方监督评估机制的指导意见（试行）》，依法推进企业合规改革试点工作，规范第三方监督评估机制（以下简称"第三方机制"）相关工作有序开展。

根据《涉案企业合规建设、评估和审查办法（试行）》，大中小微企业可以根据实际情况，选择合适的合规考察方式。在未启动第三方机制的合规案件中，检察机关应结合小微企业的自身特点，在保证合规计划制定、实施、验收评估等基本环节的同时，通过简化程序、降低合规成本、制定与大中型企业不同的监管标准等合规管理方式，激发小微企业做实合规的积极性。

涉案企业合规制度运行的关键是合规有效性。在监督内容上，应当保障全面性与专业性相结合，覆盖合规计划、考察期限、第三方组织履职情况、考察程序中止或终止等方面，做到关键节点和重要方面的全过程监督。

开展涉案企业合规改革试点，是检察机关依法能动履职，促进诉源治理，服务经济社会高质量发展的重要举措。笔者认为，当前，在涉案企业合规改革中，不仅要监督合规计划设计、合规程序执行以及合规实践效果，也不能忽略对第三方机制相关工作的监督。涉案企业合规能否规范有效开展，检察监督职能的充分发挥尤为重要。

把好涉案企业合规启动关。根据《涉案企业合规建设、评估和审查办法（试行）》，大中小微企业可以根据实际情况，选择合适的合规考察方式。在合规程序启动阶段，检察机关依法履行涉案企业合规第三方机制的启动权，这是涉案企业合规全流程法律监督的起点。在该阶段，应注重审查三个方面：第一，检察机关在办理涉企犯罪案件过程中，应将是否"适用第三方机制"作为审查的内容，告知涉案企业和相关个人有适用认罪认罚从宽制度和第三方机制的程序选择权。第二，对于涉案企业自愿认罪认罚、自愿适用第三方机制的，应当实质性开展社会调查工作，通过实地走访、调取材料、大数据研判等方式，着重审查涉案企业资质，主要围绕企业经营状况、企业合规程度和合规可能性等问题进行评估，在增强司法办案亲历性基础上作出准确判断。第三，保障机制启动的"申请权"，除检察机关依职权启动外，涉案企业、个人及相关适格主体，有权申请适用第三方机制。检察机关在收到申请材料后，应及时进行审查。对于符合条件的对象及时开展社会调查工作，着重保障申请人的知情权；对于未通过审查或社会调查的，应及时采取书面形式告知申请人申请结果和理由，做好释法说理工作。此外，《涉案企业合规建设、评估和审查办法（试行）》明确规定："针对未启动第三方机制的小微企业合规，可以由人民检察院对其提交的合规计划和整改报告进行审查。"对于此类未启动第三方机制的合规案件的监督，主要聚焦于"适格性审查"，除应当满足自愿认罪认罚、自愿适用合规流程和能够正常经营等条件外，还要重点审查以下内容：不法行为的社会危害性是否较小；涉案企业、个人是否系初犯、偶犯；涉案企业是否接受或承诺接受处罚以及其他应当综合考量的因素。正如最高检发布的涉案企业合规典型案例（第三批）中"江苏F公司、严某某、王某某提供虚假证明文件案"所指出的：在此类未启动第三方机制的合规案件中，检察机关应结合小微企业的自身特点，在保证合规计划制定、实施、验收评估等基本环节的同时，通过简化程序、降低合规成本、制定与大中型企业不同的监管标准等合规管理方式，激发小微企业做实合规的积极性。

把好涉案企业合规第三方组织的监督关。对涉案企业合规整改情况的主要考察手段是第三方组织的考察。对于合规组织的监督，第三方机制管委会及巡回检察小组负有监督职责，检察机关作为成员负有相应监督责任。在对第三方组织监督方面，检察机关对第三方机制管委会抽取或指定的第三方组织成员名单具有备案审查职责，重点围绕是否存在回避、弄虚作假或受过相关处分可能影响考察公正性等情形。第一，第三方机制管委会根据检察机关的商请，遵循"一案一选"的原则，根据执行合规计划对专业能力的具体要求，从第三方机制专业人员名录库随机抽选三名以上奇数专业人员，作为第三方专业人员全程参与合规计划的执行与评估。第二，第三方机制管委会应当将抽选的专业人员及时向社会公开公示，并同时报送负责办理案件的检察机关备案。第三，检察机关发现，或经涉案企业、社会第三方异议，第三方专业人员具有下列情形，应移交第三方机制管委会调查核实，重新抽选专业人员：抽选的人员在两年内与被监督评估企业有过聘任、委托、合作关系，或与被监督评估企业存在其他重大利益关系应当回避的；被监督评估企业或社会第三方对抽选人员提出书面异议并有合理理由；存在其他可能影响监督结果客观、公平、公正的情形。

把好涉案企业合规有效性审查的监督关。涉案企业合规改革的关键是合规有效性。在监督内容上，应当保障全面性与专业性相结合，覆盖合规计划、考察期限、第三方组织履职情况、考察程序中止或终止等方面，做到关键节点和重要方面的全过程监督。其中，应对合规计划、评估标准和审查方法方面进行重点监督。

在合规计划检察监督上，根据《关于建立涉案企业合规第三方监督评估机制的指导意见（试行）》及其实施细则，第三方组织应当就合规计划向负责办理案件的人民检察院征求意见。合规计划是由涉案企业在法律规定的范围内，结合其自身的经营管理模式、规章制度等设立的一套风险防范机制。有效的合规计划至少包含合规政策、合规组织、合规预防、合规识别、合规应对等基本要素，根据企业规模和专项合规领域的不同，各要素的建设方式和繁简程度可以有所区别。检察机关在审查过程中，要注重审查合规的系统性架构和个别化措施，杜绝"一揽子"的综合合规计划。合规计划应与涉案领域直接相关，针对特定合规风险，综合企业个体情形制订专项合规计划，具备"防止再次发生相同或者类似的违法犯罪"的效果。对合规计划的监督还应该包含对合规计划出具方，即提供企业合规服务的专业机构或者人员进行监督，对于存在的问题应及时纠正，避免第三方组织异化为涉案企业"利益代言人"。

在合规评估标准方面，可从考察类型和考察因素两方面进行立体构建。考察类型方面，应以涉案企业风险整改防控为重点，以"行业"为分类设定标尺，结合行业特点、相关行业法律法规、行业法律风险点和行业自有评估指标，制定符合涉案企业所属行业实际的评估指标体系。考察因素方面，每个企业适用行业标准时，应当有权重调节，而不宜刻板追求标准"静态统一"，具体评估指标的权重可以根据涉案企业类型、规模、业务范围、行业特点以及涉罪行为等因素设置，并适当提高合规管理的重点领域、薄弱环节和重要岗位等方面指标的权重。

在审查方法方面，除充分考虑企业纠错态度、速度和力度等"门槛"指标合格的基础情况外，还须进行以下方面审查：一是对涉案企业风险的有效识别、控制，涉案企业应当根据涉案原因查找业务管理流程中存在的企业治理漏洞，进而分析企业运行机制的深层问题。二是合规管理机构或者管理人员的合理配置，应当区别大型企业和中小微企业，建立符合企业情况的合规组织。三是合规管理制度机制建立以及人力、物力的充分保障，企业专项合规政策和员工手册，内容应明确每一业务

81

活动的风险点，提升可操作性。同时，企业合规人财物保障已形成可分辨的通道，保障合规组织的履职独立性和资源充沛性。四是监测、举报、调查、处理机制及合规绩效评价机制的正常运行，企业应建立和完善相应机制并保障该机制的有效运行。五是企业应进行定期合规培训，根据培训的次数、内容、范围及相关记录进行衡量，采用访谈、问卷等方式综合认定培训效果。

把好企业合规评估结果运用的监督关。检察机关在涉案企业合规整改进程中对企业合规计划、书面报告、第三方组织考察报告等要进行严格审查，做好引导和监督。之后，在作出处理决定前，可运用听证方式对考察结果进行公开审查。听证参与人员方面，除涉案企业代表、犯罪嫌疑人及其辩护人以外，还可邀请第三方机制管委会成员、人民监督员等，对于有被害人的案件，也要通知被害人参加。听证过程方面，应主要围绕合规考察必要性、合规考察人员合法性、企业整改情况和评估意见进行听证，听证结果应作为案件处理的重要参考。处理结果方面，对于涉案企业进行有效合规整改的，可以依法作出不起诉决定；对于涉案企业采取有效合规计划，但依据法律或综合案件情况应当提起公诉的，应依法提起公诉，并提出从轻处罚的量刑建议；对于涉案企业经合规考察，认为没有实现合规计划目标的，由检察机关依法提起公诉。

【典型案例】

张某等人非法集资案[①]

（检例第 175 号）

【关键词】

私募基金 非法集资 非法占有目的 证据审查

【要旨】

违反私募基金管理有关规定，以发行销售私募基金形式公开宣传，向社会公众吸收资金，并承诺还本付息的，属于变相非法集资。向私募基金投资者隐瞒未将募集资金用于约定项目的事实，虚构投资项目经营情况，应当认定为使用诈骗方法。非法集资人虽然将部分集资款投入生产经营活动，但投资随意，明知经营活动盈利能力不具有支付本息的现实可能性，仍然向社会公众大规模吸收资金，还本付息主要通过募新还旧实现，致使集资款不能返还的，应当认定其具有非法占有目的。在共同犯罪或者单位犯罪中，应当根据非法集资人是否具有非法占有目的，认定其构

---

① 选自最高人民检察院第四十四批指导性案例，2023 年 5 月 11 日发布。

成集资诈骗罪还是非法吸收公众存款罪。检察机关应当围绕私募基金宣传推介方式、收益分配规则、投资人信息、资金实际去向等重点判断非法集资人是否具有非法占有目的，针对性开展指控证明工作。

【基本案情】

被告人张某，男，G资产管理有限公司、G投资基金管理（北京）有限公司等7家G系公司实际控制人。

被告人白某，男，G系公司实际控制人。

被告人鹿某，女，自2016年8月起任G系公司财务负责人。

2012年7月至2018年，被告人张某、白某相继成立G系公司，其实际控制的G投资基金管理（北京）有限公司、Z联合投资有限公司、G资产管理有限公司在中国证券投资基金业协会（以下简称"中基协"）先后取得私募股权、创业投资基金管理人、私募证券投资基金管理人资格（以下均简称"私募基金管理人"）。

2014年10月至2018年8月，张某、白某将其投资并实际控制的公司的经营项目作为发行私募基金的投资标的，并在南京等多地设立分公司，采取电话联络、微信推广、发放宣传册、召开推介会等方式公开虚假宣传，夸大项目公司经营规模和投资价值，骗取投资人信任，允许不适格投资者以"拼单""代持"等方式购买私募基金，与投资人订立私募基金份额回购合同，承诺给予年化收益率7.5%至14%不等的回报。鹿某自2016年8月起负责G系公司"资金池"及其投资项目公司之间的资金调度、划拨以及私募基金本金、收益的兑付。张某、白某控制G系公司通过上述方式先后发行销售133只私募基金，非法公开募集资金人民币76.81亿余元。张某、白某指定部分公司账户作为G系公司"资金池"账户，将绝大部分募集资金从项目公司划转至"资金池"账户进行统一控制、支配。上述集资款中，以募新还旧方式兑付已发行私募基金本金及收益49.76亿余元，用于股权、股票投资3.2亿余元，用于"溢价收购"项目公司股权2.3亿余元，用于支付员工薪酬佣金、G系公司运营费用、归还G系公司及项目公司欠款等17.03亿余元，用于挥霍及支付张某个人欠款等4.52亿余元。张某所投资的项目公司绝大部分长期处于亏损状态，G系公司主要依靠募新还旧维持运转。案发时，集资参与人本金损失共计28.53亿余元。

【检察机关履职过程】

2018年12月14日，江苏省南京市公安局以张某、白某、鹿某涉嫌集资诈骗罪向南京市人民检察院移送起诉。

（一）审查起诉

侦查阶段，张某等人辩称不构成集资诈骗罪，移送起诉后进一步辩称G系公司在中基协进行了私募基金管理人登记，发行销售的133只私募基金中有119只私募基金按规定进行了备案，是对项目公司投资前景的认可，公司与投资人签订回购协议是出于降低单个项目风险的考量，未将募集款全部投入项目公司是基于公司计划进行内部调配，使用后期募集款归还前期私募基金本息仅是违规操作。

针对张某等人的辩解，南京市人民检察院对在案证据审查后认为，证明张某等人销售私募基金违反有关规定，公开向不特定对象吸收资金以及具有非法占有目的的证据尚有不足，要求公安机关围绕G系公司在募集、投资、管理、退出各环节实际运作情况进行补充侦查：①调取G系公司私募基金备案资料，与实际募集资金的相关资料进行比对，查明G系公司是否存在向中基协隐匿承诺保本保收益、引诱投资人投资等违规事实。②询问集资参与人、发行销售工作人员，核实营销方式及发行销售过程中是否有承诺还本付息、突破合格投资者确认程序等事实。③调取发行销售人员背景资料、培训宣传相关证据，查明是否存在公开宣传情形。④调取相关项目公司的账册、审计材料等相关证据，询问张某指派的项目公司管理人员及项目公司相关工作人员，查明项目公司的实际经营情况和盈利能力。⑤对募集资金流向进行逐项审计，查明募集资金实际去向，是否存在募新还旧情形等。

公安机关根据补充侦查提纲收集并移送了相关证据。南京市人民检察院审查后认为，在案证据足以证明张某、白某、鹿某通过销售私募基金方式，以非法占有目的，使用诈骗方法非法集资，造成集资参与人损失数额特别巨大，于2019年6月28日以三被告人犯集资诈骗罪提起公诉，2020年1月10日又补充起诉了部分集资诈骗犯罪事实。

（二）指控和证明犯罪

2020年8月11日至12日，南京市中级人民法院公开开庭审理本案。庭审阶段，公诉人结合在案证据指控和证明张某等人的行为构成集资诈骗罪。

首先，公诉人出示证明张某、白某控制G系公司利用私募基金非法吸收公众存款的有关证据，包括：一是出示G系公司微信公众号发布信息，组织投资人参加文旅活动方案，私募基金投资人、销售人员、活动组织人员关于招揽投资人、推介项目等方面的证言等，证实张某等人进行了公开宣传。二是出示回购合同，资金交易记录，审计报告，被告人供述及私募基金投资人、销售人员证言等，证实张某等人变相承诺还本付息。三是出示有关投资人实际信息相关书证、资金交易记录、被告人供述和私募基金投资人、销售人员证言等，证实张某等人以"拼单""代持"等方式将不适格人员包装成合格投资者，向社会公众销售私募基金产品。公诉人指出，张某等人实际控制的 G 系公司虽然具有私募基金管理人资格，发行销售的 119 只私募基金经过备案，但是其通过电话联络、微信推广、发放宣传册、召开推介会等方式招揽投资人，公开推介宣传、销售经过备案或者未经备案的私募基金，虚化合格投资者确认程序，允许不合格投资者通过"拼单""代持"等购买私募基金，并利用实际控制的关联公司与投资人签订回购协议变相承诺还本付息，既违反了《中华人民共和国证券投资基金法》等私募基金管理有关规定，也违反了《中华人民共和国商业银行法》关于任何单位和个人未经国务院金融管理部门批准不得从事吸收公众存款的规定。上述行为符合非法吸收公众存款活动所具有的"非法性""公开性""利诱性""社会性"特征。

随后，公诉人出示募集资金实际去向和项目公司经营状况等相关证据，证明张某等人在非法集资过程中使用诈骗方法，并具有非法占有目的。一是出示 G 系公司及其项目公司账册，关于项目经营状况、募集资金去向等被告人供述、证人证言、审计报告等，证实募集资金转入项目公司后，绝大部分资金在鹿某等人的操作下回流至 G 系公司"资金池"账户。二是出示被告人、项目公司负责人、财务人员等关于项目公司投资决策过程、经营管理状况等言词证据，项目公司涉诉资料等，证实张某等人在对外投资时不进行尽职调查，随意进行"溢价收购"，收购后经营管理不负责任，任由公司持续亏损。三是出示项目公司财务账册资料、"利益分配款"（即利息）有关审计报告等，证实张某等人投资的绝大多数项目持续亏损，自 2015 年 1 月起 G 系公司已依靠募新还旧维持运转。四是出示张某等人供述、有关资金交易记录、审计报告等证据，证实张某将巨额募集资金用于购买豪车、别墅、归还个人欠款等。公诉人指出，张某等人实际发行销售的 133 只私募基金中，有 131 只未按照合同约定的投资方向使用募集资金，并向投资人隐瞒了私募基金投资的项目公司系由张某实际控制且连年亏损等事实，属于使用诈骗方法非法集资。张某等人募集的资金大部分未用于生产经营活动，少部分募集资金虽用于投资项目经营过程中，但张某等人投资决策和经营管理随意，项目公司持续亏损、没有实际盈利能力，长期以来张某等人主要通过募新还旧支付承诺的本息，最终造成巨额资金无法返还，足以认定被告人具有非法占有目的。综上，被告人张某、白某、鹿某构成集资诈骗罪。

庭审中，张某、白某、鹿某及辩护人对指控的主要犯罪事实及罪名没有异议。

（三）处理结果

2021 年 8 月 11 日，南京市中级人民法院以犯集资诈骗罪判处被告人张某无期徒刑，剥夺政治权利终身，并处没收个人全部财产；判处被告人白某有期徒刑十五年，没收财产一千五百万元；判处被告人鹿某有期徒刑十二年，没收财产一千万元。张某、白某、鹿某提出上诉，同年12月29日，江苏省高级人民法院裁定驳回上诉，维持原判。

此外，G系公司在南京、苏州、广州设立的分公司负责人组织业务人员以销售私募基金为由，向社会不特定公众公开宣传，以获取定期收益、承诺担保回购为诱饵，向社会公众公开募集资金，根据案件证据不能证明相关人员具有非法占有目的，应以非法吸收公众存款罪追究刑事责任。经南京、苏州、广州相关检察机关依法起诉，相关人民法院以犯非法吸收公众存款罪，分别对28名分公司负责人、业务经理判处有期徒刑一年至五年（部分人适用缓刑）不等，并处罚金一万元至五十万元不等。

【指导意义】

（一）打着发行销售私募基金的幌子，进行公开宣传，向社会公众吸收资金，并承诺还本付息的，属于变相非法集资。私募基金是我国多层次资本市场的有机组成部分，在资本市场中发挥着重要作用。与公募基金不同，私募基金只需经过备案、无须审批，但不能以私募为名公开募集资金。检察机关办理以私募基金为名非法集资的案件，应当结合《中华人民共和国证券投资基金法》《私募投资基金监督管理暂行办法》等有关私募基金宣传推介途径、收益分配、募集对象等方面的具体规定，对涉案私募基金是否符合非法集资特征作出判断。违反私募基金有关管理规定，通过公众媒体或者讲座、报告会、分析会等方式向不特定对象宣传，属于向社会公开宣传；通过签订回购协议等方式向投资者承诺投资本金不受损失或者承诺最低收益，属于变相承诺还本付息；通过"拼单""代持"等方式向合格投资者之外的单位和个人募集资金或者投资者累计超过规定人数，属于向社会公众吸收资金。在发行销售私募基金过程中同时具有上述情形的，本质上系假借私募之名变相非法集资，应当依法追究刑事责任。

（二）以发行销售私募基金名义，使用诈骗的方法非法集资，对集资款具有非法占有目的，应当认定集资诈骗罪。非法集资人是否使用诈骗方法、是否具有非法占有目的，应当根据涉案私募基金信息披露情况、募集资金实际用途、非法集资人归还能力等要素综合判断。向私募基金投资者隐瞒募集资金未用于约定项目的事实，虚构投资项目经营情况，应当认定为使用诈骗方法。非法集资人虽然将部分集资款投入生产经营活动，但投资决策随意，明知经营活动盈利能力不具有支付本息的现实可能性，仍然向社会公众大规模吸收资金，兑付本息主要通过募新还旧实现，致使集资款不能返还的，应当认定其具有非法占有目的。在共同犯罪或者单位犯罪中，由于行为人层级、职责分工、获利方式、对全部犯罪事实的知情程度不同，其犯罪目的也存在不同，应当根据非法集资人是否具有非法占有目的分别认定构成集资诈骗罪还是非法吸收公众存款罪。

（三）围绕私募基金宣传推介方式、收益分配规则、投资人信息、资金实际去向等重点，有针对性开展引导取证、指控证明工作。检察机关指控证明犯罪时，不能局限于备案材料、正式合同等表面合乎规定的材料，必须穿透表象查清涉案私募基金实际运作全过程，提出引导取证意见，构建指控证明体系。①注重收集私募基金宣传推介方式、合格投资者确认过程、投资资金实际来源、实际投资人信息、实际利益分配方案等与募集过程相关的客观证据，查清资金募集过程及其具体违法违规情形。②注重收集募集资金投资项目、募集资金流向等与项目投资决策过程、经营管理状况、实际盈亏情况等相关客观性证据，在全面收集财务资料等证据的基础上，要求审计机构尽可能对资金流向进行全面审计，以查清募集资金全部流转过程和最终实际用途。③注重对犯罪嫌疑人、被告人的针对性讯问和有关人员的针对性询问，结合客观证据共同证明募集资金方式、资金去向、项目公司经营情况等关键性事实。

【相关规定】

《中华人民共和国刑法》第一百七十六条、第一百九十二条

《中华人民共和国商业银行法》第十一条

《中华人民共和国证券投资基金法》第八十七条、第九十一条

《最高人民法院关于审理非法集资刑事案件具体应用法律若干问题的解释》（法释〔2022〕5号）第一条、第二条、第七条

《私募投资基金监督管理暂行办法》（中国证券监督管理委员会令第105号）第十一条、第十二条、第十四条、第十五条、第二十四条

第六章
刑事执行检察

【学习目标】

掌握刑事执行检察的概念；

了解刑事执行检察的内容；

了解刑事执行检察的手段。

【重点和难点】

了解刑事执行检察的主要内容和手段；

了解巡回检察的基本知识；

了解死刑执行检察。

【案例导入】

罪犯王某，原判认定其以介绍工作为由骗取被害人信任，而后采取非法拘禁、暴力、胁迫等手段强迫两被害人卖淫 5 次，后果严重。2009 年 11 月 25 日，某市人民法院以强迫卖淫罪判处王某有期徒刑 11 年，判决生效后交付执行。某市中级人民法院于 2012 年、2014 年分别裁定对王某减去有期徒刑 1 年零 3 个月和 1 年零 5 个月。2015 年 3 月，执行机关以王某确有悔改表现为由，向某市中级人民法院提出对其予以假释的建议。市中级人民法院立案后将假释建议书等材料通过互联网向社会公示，并组成合议庭依法审理了本案。市中级人民法院经审理查明，罪犯王某自上次减刑以来能认罪悔罪，积极改造，受记功 1 次、表扬 1 次、嘉奖 1 次、2013 年度被评为省级改造积极分子、2014 年度被评为监狱级改造积极分子。市中级人民法院认为，罪犯王某在服刑期间虽有悔改表现，但其所犯罪行性质恶劣，其犯罪活动严重影响社会正常秩序，社会危害性较大，故在假释时应从严掌握，遂依法作出对王某不予假释的裁定①。

请思考以下问题：

假释案件中"没有再犯罪的危险"应该如何认定？上述案件中，法院裁定不予假释是否违法？检察院对法院裁定不予假释的案件如何有效监督？

第一节　刑事执行检察的概念与内涵

刑事执行检察指的是负责对监狱、看守所和社区矫正机构等执法活动的监督；负责对刑事判决、裁定执行、强制医疗执行、羁押和办案期限的监督；负责羁押必要性审查等工作；负责办理罪犯又犯罪案件；负责对法律规定由市人民检察院办理的司法工作人员利用职权实施的非法拘禁、刑讯逼供、非法搜查等侵犯公民权利、损害司法公正犯罪，以及按照刑事诉讼法规定需要由人民检察院直接受理的其他重大犯罪案件的侦查。主要包括：

（一）对人民法院、公安机关和监狱、看守所、社区矫正机构等执行机关和监管场所执行刑罚及监管活动是否合法实施监督；

（二）对监狱等执行机关提请减刑、假释和人民法院审理、裁定减刑、假释是否合法实行监督；

（三）对人民法院开庭审理减刑、假释案件出席法庭发表检察意见，并对法庭审理活动是否合法实行监督；

（四）对监狱管理机关、公安机关、人民法院批准或决定暂予监外执行的活动是否合法实施监督；

（五）对公安机关执行监管被刑事拘留、逮捕和指定居所监视居住的犯罪嫌疑人、被告人的活动是否合法实行监督；

（六）对在押犯罪嫌疑人、被告人羁押期限是否合法实行监督；

（七）对公安机关执行监督管理被剥夺政治权利的罪犯的活动是否合法实施监督；

（八）对社区矫正机构对被判处管制、宣告缓刑、裁定假释、决定暂予监外执行的罪犯的社区矫正活动是否合法实施监督；

（九）对强制医疗执行活动是否合法实行监督；

（十）对刑事执行中罪犯又犯罪案件审查逮捕、审查起诉、对立案、侦查和审判活动是否合法实施监督；

---

① 杨春雷，万春.刑事执行检察业务［M］.北京：中国检察出版社，2022.

（十一）受理被刑事执行人及其近亲属、法定代理人的控告、举报和申诉；

（十二）立案侦查司法工作人员相关职务犯罪案件①。

第二节　刑事执行检察的内容

一、驻监检察

人民检察院依法对监狱在刑罚执行和监管改造活动中执行国家法律情况实行监督，维护法律权威和法治统一，保障罪犯合法权益，维护监管秩序稳定，促进监狱严格执法、公正司法，落实总体国家安全观，提高监管改造质量，实现驻监检察政治效果、社会效果、法律效果的有机统一。

驻监检察工作流程如图 6-1 所示。

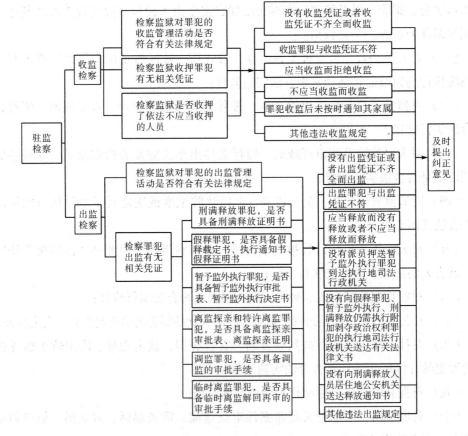

图 6-1　驻监检察工作流程

① 杨春雷，万春. 刑事执行检察业务［M］. 北京：中国检察出版社，2022.

二、看守所检察

人民检察院驻所检察的任务是，依法对看守所刑事执行活动实行监督，保障宪法和法律统一正确实施，维护刑事执行活动公平公正，维护看守所监管秩序稳定，维护刑事被执行人的合法权益，保证刑事诉讼活动的顺利进行。

驻所检察工作流程如图6-2所示。

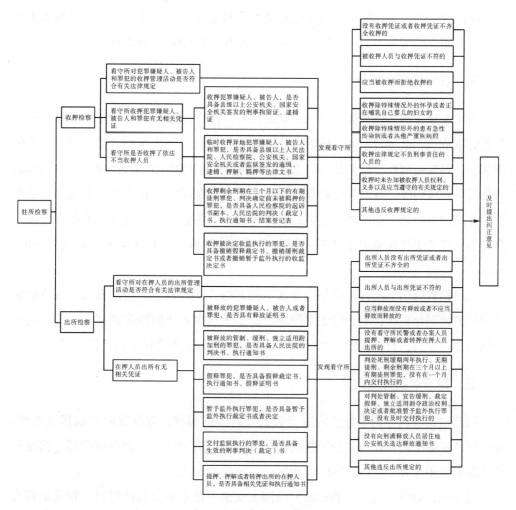

图6-2 驻所检察工作流程

三、社区矫正检察

社区矫正，是指将符合条件的罪犯放置于社区内，由专门国家机关在相关社会团体和民间组织以及社会志愿者的协助下，在判决、裁定或决定确定的期限内，矫正其犯罪心理和行为恶习，并促进其顺利回归社会的非监禁刑罚执行活动。它是与监禁矫正相对的一种行刑方式，也是人类为克服监狱行刑罪犯易交叉感染、重报应惩罚的局限性而作出的理性选择。

2020 年 7 月 1 日《中华人民共和国社区矫正法》正式实施，规定对被判处管制、宣告缓刑、假释或者暂予监外执行的罪犯，依法实行社区矫正，由社区矫正机构负责执行。

人民检察院依法对社区矫正工作实行法律监督。人民检察院发现社区矫正工作违反法律规定的，应当依法提出纠正意见、检察建议。有关单位应当将采纳纠正意见、检察建议的情况书面回复人民检察院，没有采纳的应当说明理由。

四、强制医疗执行检察①②

强制医疗，顾名思义即非自愿的强制治疗。广义的强制医疗，是指国家为避免公共健康危机，通过对患者疾病的治疗，以治愈疾病、防止疾病传播、维护公众健康利益，具有强制性、非自愿性、公益性的特点，主要包括性病、吸毒、精神病、传染性公共疾病等。较为常见的是对精神病人的强制医疗，有关部门对吸毒人员采取的强制戒毒措施。刑法规定，实施暴力行为，危害公共安全或者严重危害公民人身安全，经法定程序鉴定依法不负刑事责任的精神病人，有继续危害社会可能的，可以予以强制医疗。

人民检察院刑事执行检察部门依法对强制医疗执行机关、决定机关、政府指定的精神卫生医疗机构，对于经法定程序鉴定不负刑事责任的涉案精神病人的临时保护性约束、交付执行，收治、医疗、监管等执行活动是否合法进行法律监督。

五、财产刑执行检察

财产刑是以剥夺犯罪分子的财产为惩罚内容的刑种，有没收财产和罚金两种。没收财产是指法院判处犯罪分子强制没收其个人所有财产的一部分或全部；罚金是指法院判处犯罪分子强制其向国家缴纳一定数额的金钱。

罚金是强制罪犯在一定的时限内向国家交纳一定数额金钱的刑罚。罚金刑具有自由刑所没有的优点，既可以给罪犯一定的惩戒教育，又可以避免罪犯在关押中受其他罪犯恶习的影响，特别适用于处罚经济犯，因而罚金刑的适用有代替短期自由刑而且日益扩大的趋势。我国刑法中的罚金主要适用于经济犯罪、财产犯罪、其他故意犯罪。

---

① 王伟. 精神病强制医疗程序的救济机制研究 [D]. 甘肃：兰州大学，2017.
② 李威. 强制医疗有待严密的程序规制 [N]. 检察日报，2004-08-19.

没收财产，是指司法机关依据刑法的有关规定，将犯罪分子个人所有的财产的一部分或者全部强制无偿地收归国家所有的刑罚方法。没收财产的范围仅限于犯罪分子个人所有的合法财产。在没收全部财产时，应当考虑人道主义原则，为犯罪分子个人及其赡养、抚养、扶养的家属保留必需的生活费用。用没收的财产偿还罪犯债务有三个条件：①该债务是在没收财产以前犯罪分子所负的正常债务；②需要以没收的财产偿还；③经债权人请求。

人民检察院依法对人民法院执行罚金刑、没收财产刑以及执行生效判决、裁定中没收违法所得及其他涉案财产的活动实行监督，发现人民法院有依法应当执行而不执行，执行不当，罚没的财物未及时上缴国库，或者执行活动中其他违法情形的，应当依法提出纠正意见。

六、暂予监外执行检察

暂予监外执行，是指对被判处无期徒刑、有期徒刑或者拘役的罪犯，具有法律规定的某种特殊情况，不适宜在监狱或者拘役所等场所执行刑罚，暂时采取不予关押的一种变通执行方法。

对于暂予监外执行的适用条件，《中华人民共和国刑事诉讼法》第二百六十五条作了明确规定，对被判处有期徒刑或者拘役的罪犯，有下列情形之一的，可以暂予监外执行：

（1）罪犯有严重疾病需保外就医；

（2）罪犯怀孕或者正在哺乳自己的婴儿；

（3）罪犯生活不能自理，适用暂予监外执行不致危害社会。

对被判处无期徒刑的罪犯，有前款第二项规定情形的，可以暂予监外执行。对适用保外就医可能有社会危险性的罪犯，或者自伤自残的罪犯，不得保外就医。对罪犯确有严重疾病，必须保外就医的，由省级人民政府指定的医院诊断并开具证明文件。暂予监外执行期间，计入服刑期。对于暂予监外执行的罪犯，由社区矫正机构负责执行。

监狱、看守所审议暂予监外执行前，应当将相关材料抄送人民检察院。决定提请暂予监外执行的，监狱、看守所应当将提请暂予监外执行书面意见的副本和相关材料抄送人民检察院。人民检察院可以向决定或者批准暂予监外执行的机关提出书面意见。

第三节　巡回检察

巡回检察制度是一项新制度，对监狱、看守所实行巡回检察制度改革，是检察机关贯彻落实习近平法治思想的一项重要举措。2018年5月，最高检开展监狱巡回检察试点，并于2019年7月在全国全面推开。

通过监狱巡回检察，监狱检察工作呈现出了新的变化——检察人员的监督理念更加科学，监督重点更加明确，监督敏感性明显提升，发现问题不断深入，进一步提升了检察机关法律监督效果和监狱执法的工作水平。

在电视剧《巡回检察组》中，巡回检察组的成员通过办案找出真相，实现"人民的正义"，剧情围绕着检察机关对监狱的巡回检察和派驻检察相关工作展开，并综合了多个真实案例。现实生活中，刑事执行检察官在办理这类案件的过程中依法履行职责，保证国家法律在刑罚执行活动中正确实施，保障罪犯的合法权益，维护监管秩序稳定，纠防冤假错案，促进监狱提升改造质量，将罪犯改造成为守法公民。

根据《人民检察院监狱巡回检察规定》，一般情况下，巡回检察按照一定时间间隔来开展，监督方式包括阅卷、调看监控录像、查看监狱相关场所、谈话记录等。监督内容方面，主要涵盖监狱执行有关法律规定、刑罚执行活动的情况，重点是监督刑罚执行、狱政管理和教育改造情况，以及派驻监狱检察室检察人员工作情况。

实践中，巡回检察分为常规、专门、机动和交叉巡回检察，根据不同的情况开展工作。常规、专门和机动巡回检察由对监狱负有监督职责的检察院组织，交叉巡回检察一般由省级及以上检察院组织。常规巡回检察主要针对监狱刑罚执行、狱政管理、教育改造执法活动；专门巡回检察主要针对监狱发生罪犯非正常死亡、脱逃或者突发公共卫生事件等重大事故；机动巡回检察主要针对日常监狱检察工作中发现的问题；交叉巡回检察由最高人民检察院或省级人民检察院统一抽调检察人员，组成巡回检察组，结合日常检察发现的问题，对监狱进行全面深入的巡回检察。

相比单纯的派驻检察，巡回检察的工作成效更为明显。交叉巡回检察可以有效解决"熟人熟事""讲交情顾面子"等不敢监督、不愿监督的问题，有利于更为深入、全面地发现和解决问题[1]。

---

[1]　杨春雷，万春. 刑事执行检察业务［M］. 北京：中国检察出版社，2022：39-44.

第四节　司法工作人员相关职务犯罪侦查

2018 年 10 月 26 日，第十三届全国人民代表大会常务委员会第六次会议审议通过了《关于修改〈中华人民共和国刑事诉讼法〉的决定》。修改后的《中华人民共和国刑事诉讼法》第十九条第二款规定："人民检察院在对诉讼活动实行法律监督中发现的司法工作人员利用职权实施的非法拘禁、刑讯逼供、非法搜查等侵犯公民权利、损害司法公正的犯罪，可以由人民检察院立案侦查。"为做好人民检察院与监察委员会案件管辖范围的衔接，对在诉讼监督中发现的司法工作人员利用职权实施的侵犯公民权利、损害司法公正的犯罪依法履行侦查职责，作出如下规定。

一、案件管辖范围

人民检察院在对诉讼活动实行法律监督中，发现司法工作人员涉嫌利用职权实施的下列侵犯公民权利、损害司法公正的犯罪案件，可以立案侦查：

（1）非法拘禁罪（《中华人民共和国刑法》第二百三十八条）（非司法工作人员除外）；

（2）非法搜查罪（《中华人民共和国刑法》第二百四十五条）（非司法工作人员除外）；

（3）刑讯逼供罪（《中华人民共和国刑法》第二百四十七条）；

（4）暴力取证罪（《中华人民共和国刑法》第二百四十七条）；

（5）虐待被监管人罪（《中华人民共和国刑法》第二百四十八条）；

（6）滥用职权罪（《中华人民共和国刑法》第三百九十七条）（非司法工作人员滥用职权侵犯公民权利、损害司法公正的情形除外）；

（7）玩忽职守罪（《中华人民共和国刑法》第三百九十七条）（非司法工作人员玩忽职守侵犯公民权利、损害司法公正的情形除外）；

（8）徇私枉法罪（《中华人民共和国刑法》第三百九十九条第一款）；

（9）民事、行政枉法裁判罪（《中华人民共和国刑法》第三百九十九条第二款）；

（10）执行判决、裁定失职罪（《中华人民共和国刑法》第三百九十九条第三款）；

（11）执行判决、裁定滥用职权罪（《中华人民共和国刑法》第三百九十九条第

三款);

（12）私放在押人员罪（《中华人民共和国刑法》第四百条第一款）；

（13）失职致使在押人员脱逃罪（《中华人民共和国刑法》第四百条第二款）；

（14）徇私舞弊减刑、假释、暂予监外执行罪（《中华人民共和国刑法》第四百零一条）。

二、级别管辖和侦查部门

本规定所列犯罪案件，由设区的市级人民检察院立案侦查。基层人民检察院发现犯罪线索的，应当报设区的市级人民检察院决定立案侦查。设区的市级人民检察院也可以将案件交由基层人民检察院立案侦查，或者由基层人民检察院协助侦查。最高人民检察院、省级人民检察院发现犯罪线索的，可以自行决定立案侦查，也可以将案件线索交由指定的省级人民检察院、设区的市级人民检察院立案侦查。

本规定所列犯罪案件，由人民检察院负责刑事检察工作的专门部门负责侦查。设区的市级以上人民检察院侦查终结的案件，可以交有管辖权的基层人民法院相对应的基层人民检察院提起公诉；需要指定其他基层人民检察院提起公诉的，应当与同级人民法院协商指定管辖；依法应当由中级人民法院管辖的案件，应当由设区的市级人民检察院提起公诉。

三、案件线索的移送和互涉案件的处理

人民检察院立案侦查本规定所列犯罪时，发现犯罪嫌疑人同时涉嫌监察委员会管辖的职务犯罪线索的，应当及时与同级监察委员会沟通，一般应当由监察委员会为主调查，人民检察院予以协助。经沟通，认为全案由监察委员会管辖更为适宜的，人民检察院应当撤销案件，将案件和相应职务犯罪线索一并移送监察委员会；认为由监察委员会和人民检察院分别管辖更为适宜的，人民检察院应当将监察委员会管辖的相应职务犯罪线索移送监察委员会，对依法由人民检察院管辖的犯罪案件继续侦查。人民检察院应当及时将沟通情况报告上一级人民检察院。沟通期间，人民检察院不得停止对案件的侦查。监察委员会和人民检察院分别管辖的案件，调查（侦查）终结前，人民检察院应当就移送审查起诉有关事宜与监察委员会加强沟通，协调一致，由人民检察院依法对全案审查起诉。

人民检察院立案侦查本规定所列犯罪时，发现犯罪嫌疑人同时涉嫌公安机关管辖的犯罪线索的，依照现行有关法律和司法解释的规定办理。

四、办案程序

（1）人民检察院办理本规定所列犯罪案件，不再适用对直接受理立案侦查案件决定立案报上一级人民检察院备案，逮捕犯罪嫌疑人报上一级人民检察院审查决定的规定。

（2）对本规定所列犯罪案件，人民检察院拟作撤销案件、不起诉决定的，应当报上一级人民检察院审查批准。

（3）人民检察院负责刑事检察工作的专门部门办理本规定所列犯罪案件，认为需要逮捕犯罪嫌疑人的，应当由相应的刑事检察部门审查，报检察长或者检察委员会决定。

（4）人民检察院办理本规定所列犯罪案件，应当依法接受人民监督员的监督。

【典型案例】

林某徇私舞弊暂予监外执行案①
（检例第 3 号）

【要旨】

司法工作人员收受贿赂，对不符合减刑、假释、暂予监外执行条件的罪犯，予以减刑、假释或者暂予监外执行的，应根据案件的具体情况，依法追究刑事责任。

【基本案情】

被告人林某，男，1964 年 8 月 21 日出生，汉族，原系吉林省 A 监狱第三监区监区长，大学文化。2008 年 11 月 1 日，因涉嫌徇私舞弊暂予监外执行罪被刑事拘留，2008 年 11 月 14 日被逮捕。

2003 年 12 月，高某宏因犯合同诈骗罪，被北京市东城区人民法院判处有期徒刑十二年，2004 年 1 月入吉林省 A 监狱服刑。服刑期间，高某宏认识了服刑犯人赵某，并请赵某为其办理保外就医。赵某找到时任 A 监狱第五监区副监区长的被告人林某，称高某宏愿意出钱办理保外就医，让林某帮忙把手续办下来。林某答应帮助沟通此事。之后赵某找到服刑犯人杜某，由杜某配制了能表现出患病症状的药物。在赵某的安排下，高某宏于同年 3 月 24 日服药后"发病"住院。林某明知高某宏伪造病情，仍找到 A 监狱刑罚执行科的王某（另案处理），让其为高某宏办理保外就医，并主持召开了对高某宏提请保外就医的监区干部讨论会。会上，林某隐瞒了

---

① 选自最高人民检察院第一批指导性案例，2010 年 12 月 31 日发布。

高某宏伪造病情的情况，致使讨论会通过了高某宏的保外就医申请，然后其将高某宏的保外就医相关材料报到刑罚执行科。其间高某宏授意其弟高俊卫与赵某向林某行贿人民币5万元（林某将其中3万元交王某）。2004年4月28日，经A监狱呈报，吉林省监狱管理局以高某宏双肺肺炎、感染性休克、呼吸衰竭，批准高某宏暂予监外执行一年。同年4月30日，高某宏被保外就医。2006年5月18日，高某宏被收监。

【诉讼过程】

2008年10月28日，吉林省长春市宽城区人民检察院对林某涉嫌徇私舞弊暂予监外执行一案立案侦查。2009年8月4日，长春市宽城区人民检察院以林某涉嫌徇私舞弊暂予监外执行罪向长春市宽城区人民法院提起公诉。2009年10月20日，长春市宽城区人民法院作出（2009）宽刑初字第223号刑事判决，以被告人林某犯徇私舞弊暂予监外执行罪，判处有期徒刑三年。

第七章
民事检察

- -

【学习目标】

掌握民事检察的概念；

了解民事检察的内容；

了解民事检察的手段。

【重点和难点】

了解民事检察的主要内容和工作流程；

了解民事支持起诉的基本知识。

第一节 民事检察的概念与内涵

民事检察是人民检察院对人民法院的民事诉讼活动进行法律监督、保障民事法律统一正确实施的重要手段，是中国特色社会主义检察制度的组成部分。民事检察主要负责办理向人民检察院申请监督和提请抗诉的民事案件的审查、抗诉；承办对人民法院民事诉讼活动的法律监督，对审判监督程序以外的其他民事审判程序中审判人员的违法行为提出检察建议，对民事执行活动实行法律监督；开展民事支持起诉工作；办理人民检察院管辖的民事申诉案件。

民事检察的职能：

1. 对审判程序中审判人员违法行为的监督

检察院对审判人员的违法行为，有权进行监督。如果审判人员有下列违法情形的：审理案件适用审判程序错误，诉讼中止或者终结违反法律规定，违反法定审理期限，违反法律规定送达，审判人员接受当事人及其委托代理人请客送礼或者违反规定会见当事人及其委托代理人，审判人员实施或者指使、支持、授意他人实施妨害诉讼行为，尚未构成犯罪的，检察机关可以用纠正违法行为通知、制发检察建议或者建议更换承办人等方式进行监督。

2. 对生效民事裁判的监督

当事人申请再审已经超过半年没有回复，可以到检察院申请监督。法院对民事再审申请有三个月的审查期限，如果逾期未对再审申请作出裁定的，或驳回再审申请的，或者再审判决裁定有明显错误的，可以向检察院申请监督。

3. 执行监督

对法院执行活动进行监督，也是检察院的工作内容之一。有下列情形之一的，检察机关可以进行监督：

违法执行：无正当理由超期未发放执行款；违法终止执行；当事人提出执行异议或复议、法院未在法定期限内裁定；滥用执行权、超标的查封、违法拍卖等。

怠于执行：自收到申请执行书之日起，无正当理由超过六个月未采取任何执行措施。

其他侵害当事人合法权益的行为，如被执行人为国家机关等特殊主体不当干预法院执行活动等。

4. 纠正虚假诉讼、虚假调解

检察院对虚假诉讼、虚假调解的案件，将通过制发检察建议等方式，监督法院予以纠正，对涉嫌犯罪的诉讼参与人依法移送侦查部门查处；任何公民发现虚假诉讼线索时，也可到检察院反映情况。

5. 支持起诉

机关、社会团体、企业事业单位对损害国家、集体或者个人民事权益的行为，可以支持受损害的单位或者个人向人民法院起诉。人民检察院对残疾人、外来农民工、未成年人、老年人、企业劳动者等弱势群体向法院提起诉讼并申请检察机关予以支持起诉的民事案件，可以向人民法院发出支持起诉意见书。

第二节　民事检察的办案流程

民事检察办案流程如图 7-1 所示。

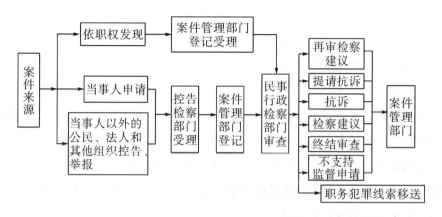

图 7-1　民事检察办案流程

一、民事支持起诉

民事支持起诉是指人民检察院对损害国家、集体或者个人民事权益的行为，可以支持受损害的单位或者个人向本辖区人民法院起诉。

1. 可以向检察机关申请支持起诉的人员范围

（1）领取最低生活保障金的；

（2）在养老院、孤儿院等社会福利机构中由政府供养的；

（3）因自然灾害或者其他不可抗力等原因造成经济困难，无力支付法律咨询费用的；

（4）在城镇务工的农民工；

（5）其他确需给予法律支持与帮助的人员。

2. 检察机关支持起诉的案件范围

（1）因拒不支付劳动报酬、社会保险金、人身损害赔偿金等提起民事诉讼的；

（2）因追索抚养费、赡养费、养老金、抚恤金、最低生活保障金等提起民事诉讼的；

（3）因购买、使用种子、农药、化肥等农业生产资料造成损害而请求赔偿提起民事诉讼的；

（4）因预收消费款纠纷由消费者提起民事诉讼的；

（5）其他确有必要支持起诉的情形。

3. 向检察机关申请支持起诉的流程

（1）提供家庭困难证明材料。所在单位或社区、村民委员会出具的家庭困难证明材料。

（2）提出支持起诉申请。当事人向检察机关出具支持起诉申请（可以到检察院填写"申请支持起诉"的格式文书）。

4. 检察机关支持起诉的方式

（1）诉前支持

对当事人提起民事诉讼所涉及的法律知识和诉讼内容有针对性地进行讲解研判，帮助其增强运用法律和诉讼途径解决纠纷的能力；在特定条件下可以通过指导当事人收集证据的方式方法，从而加强当事人收集证据的能力；当诉讼主体存在经济困难的情形，检察机关也可通过请求减免诉讼费、申请法律援助、撰写诉讼文书等形式给予当事人适当的支持和帮助。

（2）向人民法院出具支持起诉意见书

以人民检察院的名义向人民法院提出支持当事人起诉的书面意见。根据需要，人民检察院可以派员出庭宣读支持起诉意见书。

两种方式根据需要选择其一，或同时选用。

二、民事执行监督

1. 什么情形下可以申请民事执行监督？

（1）执行裁定、决定违法

裁定追加、变更被执行人错误；执行裁定所确定的内容与执行依据不符等。

（2）执行行为存在违法情形

调查、搜查违法；保管、使用被执行财产违法；无正当理由未及时将被执行人财产交付给申请执行人等。

（3）不履行或怠于履行职责

不受理执行申请又不依法作出不予受理裁定；对已经受理的执行案件不依法作出执行裁定；无正当理由超过六个月未执行的。

（4）执行人员存在违法行为

执行人员违反回避规定；执行人员有贪污、受贿、执行失职、执行滥用职权等行为。

2. 谁可以对哪些案件提出执行监督申请？

当事人、利害关系人、案外人认为人民法院执行生效民事判决、裁定、调解书、支付令、仲裁裁决以及公证债权文书等法律文书的活动或者具体执行实施行为存在违法情形的，可以向同级人民检察院申请监督。

3. 申请执行监督时需要提交什么材料？

（1）民事执行监督申请书；

（2）身份证明，自然人需提交身份证复印件或户口簿个人页复印件，法人或非法人组织需提交相关主体资格证明；

（3）相关法律文书，主要为法院历次裁判文书复印件；

（4）其余与本案相关的证据材料（需附上证据清单）。

4. 检察机关如何实施监督？

（1）向同级法院提出检察建议

人民检察院对申请案件进行审查，认为人民法院行使执行裁决权、执行实施权存在违法情形或不履行、怠于履行执行职责的，应当向同级法院提出检察建议。

（2）作出不支持监督申请决定

人民检察院对申请案件进行审查，认为民事执行活动不存在违法情形的，应当作出不支持监督申请决定。

（3）移送相关部门处理

人民检察院在履行法律监督职责中发现执行人员在执行活动中存在违法犯罪线索的，移送本院控告检察部门处理。

人民检察院在办案中发现被执行人涉嫌构成拒不执行判决、裁定罪且公安机关不予立案侦查的，移送本院侦查监督部门处理。

（4）作出终结审查决定

人民检察院发现已经受理的案件不符合受理条件的，应当作出终结审查决定。

5. 人民检察院不予受理的执行监督申请情形有哪些？

（1）法律规定可以提出异议、申请复议或者提起诉讼，当事人没有提出异议、申请复议或者提起诉讼的，但有正当理由的除外；

（2）申请监督事项已由人民法院受理并正在处理的，但人民法院无正当理由未在法定期限内作出处理的除外；

（3）人民检察院对监督申请作出过审查处理决定，没有新的证据和理由再次提出监督申请的；

（4）法律、司法解释规定的其他情形。

第三节　虚假诉讼

虚假诉讼，俗称"假官司"，指当事人单方或与他人恶意串通，采取伪造证据、虚假陈述等手段，向法院提起民事诉讼，通过诉讼、仲裁、调解等方式，侵害国家利益、社会公共利益或他人合法权益，妨害司法秩序的行为。

一、虚假诉讼的主要情形

（1）与夫妻一方恶意串通，捏造夫妻共同债务的；

（2）与他人恶意串通，捏造债权债务关系和以物抵债协议的；

（3）与公司、企业的法定代表人、董事、监事、经理或者其他管理人员恶意串通，捏造公司、企业债务或者担保义务的；

（4）捏造知识产权侵权关系或不正当竞争关系的；

（5）在破产案件审理过程中申报捏造债权的；

（6）与被执行人恶意串通，捏造债权或对被查封、扣押、冻结财产的优先权、担保物权的；

（7）以签订虚假借款协议等"套路贷"行为非法占有他人财产的；

（8）单方或者与他人恶意串通，捏造身份、合同、侵权、继承等民事法律关系的其他行为；

（9）隐瞒债务已经全部清偿的事实，要求他人履行债务的；

（10）其他妨害司法秩序或者侵害他人合法权益的情形。

二、虚假诉讼的多发领域

（1）民间借贷纠纷案件；

（2）以离婚案件一方当事人为被告的财产纠纷案件；

（3）存在法律或者政策限制的房地产权属纠纷案件；

（4）以已经资不抵债或者已经作为被执行人的自然人、法人、非法人组织为被告的财产纠纷案件；

（5）以拆迁区划范围内的自然人为诉讼主体的离婚、分家析产、继承、房屋买卖合同纠纷案件；

（6）以物抵债案件；

（7）交通事故损害赔偿案件；

（8）建设工程施工合同纠纷案件；

（9）扫黑除恶专项斗争中"套路贷"刑事案件。

三、检察机关如何对虚假诉讼进行监督？

（1）抗诉或再审检察建议

对已经生效的虚假诉讼判决、裁定、调解书，向人民法院提出抗诉或发出再审检察建议，促进纠正裁判结果。

（2）检察建议

对于符合最高人民法院指导意见中虚假诉讼构成要件的，可以建议法院依照民事诉讼法的相关规定对涉案人员采取罚款、拘留等惩罚措施。

（3）移送犯罪线索

对于虚假诉讼案件中发现的有关犯罪线索，依法移送公安机关或监察机关。

第四节　精准监督

所谓精准监督，是指检察机关对民事诉讼的法律监督要着力于选准案件、用准措施、求准效果。精准监督重在"精准"。"精"就是要注重选择在法治理念、司法活动中有纠偏、创新、进步、引领价值的典型案件，努力做到监督一件，促进解决一个领域、一个地方、一个时期的司法理念、政策、导向问题；"准"就是要做到案件事实认定清楚、法律适用正确，在此基础上根据案件具体情况，选择适当的监督方式。

精准监督的衡量指标主要是：第一，案件类型选得准不准；第二，监督程序开展得准不准；第三，监督方式确定得准不准；第四，监督效果形成得准不准；第五，人民群众的满意度高不高。精准监督既是监督理念，也是监督标准，还是监督程序和监督步骤。精准监督贯穿于民事诉讼检察监督的全过程和各领域。

一、贯彻民事诉讼精准监督理念需要厘清的五个关系

1. 厘清权力监督与权利救济的关系

民事诉讼监督的本质是检察机关对法院行使审判权的监督，是检察机关对公权力监督的重要内容之一。检察机关进行民事诉讼监督的最终目的，在于纠正法院在审判权行使过程中的违法行为及由此带来的不法后果。对当事人私权利的救济是检察机关进行审判监督带来的客观效果,是民事诉讼监督的副产品。检察机关加强民事诉讼监督,在一定程度上契合了当事人对私权利救济的需求,但不能据此将检察机关定位为当事人私权利的救济机关,这有违"人民检察院是国家的法律监督机关"这一宪法定位。民事诉讼精准监督并未改变民事诉讼监督的本质,而是对监督标准、监督质效等提出了更高的要求。只有厘清权力监督与权利救济的关系,才能把精准监督的各项要求落到实处。

2. 厘清对事监督与对人监督的关系

民事诉讼监督的对象是法官的裁判行为与裁判结果(包括调解),既包括对事的监督,也包括对人(法官)的监督。民事诉讼精准监督必须坚持对事监督与对人监督相结合。其中,在对事监督方面,既要加强对具有纠偏、创新、进步、引领价值的裁判结果监督案件的办理,也要加强对深层次违法行为的监督;在对人监督方面,要构建与司法责任制相适应的监督机制。民事诉讼精准监督在加强对事监督的同时,应当加大对人的监督力度,及时采取监督措施促使法院追究法官的违法裁判责任,实现对事监督与对人监督双向结合。

3. 厘清办案数量与办案质效的关系

民事诉讼精准监督要做到办案数量与办案质效的有机统一。第一,民事诉讼精准监督与保持适度办案规模并不矛盾,扩大案源并保持适度办案规模仍是当前民事检察部门的重要任务。第二,民事诉讼监督中大量不支持监督案件的价值不能予以否定。通过这部分案件的办理,检察机关可以有效维护法院的审判权威、促进社会矛盾化解以及保护相关当事人的合法权益,产生良好的法律效果和社会效果。

4. 厘清个案监督与类案监督的关系

民事诉讼精准监督在性质上属于个案监督,精准的个案监督可以发挥对类案的案例指导作用。民事诉讼监督应当坚持个案监督与类案监督相结合,以此不断提升民事诉讼监督的质效。

5. 厘清监督与支持的关系

民事诉讼监督实质上是启动纠错程序,促进审判机关重新审视并自我纠错。检察机关与审判机关责任和目标是共同的,两者要形成良性、互动、积极的工作关系,使法律监督在出发点和落脚点上、在主观和客观方面都发挥促进审判机关更全面更深刻理解法律的作用,共同维护司法公正。

二、民事诉讼精准监督的实现路径

1. 科学界定民事诉讼精准监督的监督标准

民事诉讼精准监督应当坚持法定性标准与必要性标准相结合。法定性标准是就民事诉讼监督的依据而言的，主要是指检察机关应当依据《中华人民共和国民事诉讼法》第二百条的相关规定来审查民事裁判结果和民事审判活动的合法性。必要性标准是就民事诉讼监督的效果而言的，主要是指检察机关应当结合监督的社会效果、裁判作出时的司法政策和社会背景等因素对监督的必要性进行审查，在对相关因素综合考量后再作出是否予以监督的决定。例如，对于终审判决在认定事实或适用法律方面存在一定错误，但实体判决结果正确或者相对公正的，一般不宜进行监督；对于终审判决存在程序瑕疵，但未影响实体判决结果的，一般不宜进行监督，等等。科学界定民事诉讼精准监督的标准，应当注意：民事诉讼精准监督不是选择性监督，只要案件符合法律规定的监督条件，均应予以监督，这是民事诉讼监督的原则和底线。

2. 合理设置民事诉讼精准监督的监督方式

最高人民检察院《2018—2022 年检察改革工作规划》中提出要完善抗诉、再审检察建议、检察建议等多元化监督格局。对于在司法理念方面有纠偏、创新、进步、引领价值的典型案件，可选择提请抗诉的监督方式，由上级检察机关进行监督；对不具有典型性但依法应予监督的案件，可选择提出再审检察建议的方式，由同级检察机关进行监督；对无须改变裁判结果的瑕疵类案件，可选择提出检察建议的方式进行监督，并倡导进行类案总结制发类案检察建议，不提倡多发个案检察建议。民事诉讼精准监督对监督方式的设置，合理区分了抗诉、再审检察建议、检察建议的适用范围，可考虑在修改《人民检察院民事诉讼监督规则（试行）》（以下简称《规则》）时予以确认。

3. 优化设计民事诉讼精准监督的监督程序

为切实提高办案的精准度和监督的权威性，最高人民检察院民事检察部门曾发通知要求省级检察院对提请最高人民检察院抗诉的民事诉讼监督案件，必须经过本院检察委员会讨论和专家咨询委员会咨询论证。该通知的目的在于进一步规范省级检察院提请抗诉案件的办理程序，最大限度发挥民事诉讼监督的效能，并非为了限缩案件数量而阻碍省级检察院依法提请抗诉。另外，为了实现精准监督的工作目标，最高人民检察院民事检察部门已出台《关于实行案件繁简分流暂行工作办法》，就所办理的省级检察院提请抗诉案件、最高人民法院诉讼结果监督案件、复查案件实行繁简分流，根据具体情况分别适用简易程序和普通程序。

4. 建立健全民事诉讼精准监督的工作机制

一是健全检察一体化工作机制，形成四级检察院分工负责、各有侧重的工作格局。按照民事诉讼监督规律，不同层级检察院民事检察工作的侧重点应有所不同，应当积极引导省级检察院和市级检察院以生效裁判结果监督为重点，基层检察院以审判人员违法行为监督和执行监督为重点。二是建立科技借助工作机制，充分运用信息化智能化手段推进民事检察工作。三是健全借助"外脑"工作机制，充分发挥民事专家委员会的优势作用。

三、民事诉讼精准监督的制度保障

1. 民事诉讼监督效果的刚性保障

提出抗诉是目前民事诉讼监督最具刚性的监督手段，进行民事诉讼精准监督，必须建立健全监督效果的刚性保障制度。一是建立案件跟踪监督制度。在检察机关提出抗诉后，法定时限内未予裁定再审或长期未审结的案件，应当定期跟踪查询案件进展，督促审判机关提升工作效率。二是健全案件跟进监督制度。对检察机关抗诉后法院拒不改判的案件、提出再审检察建议后拒不采纳的案件，应当在分析研判的基础上采取跟进监督措施，强化监督效果，不断增强民事诉讼监督的刚性。

2. 民事诉讼监督调查核实权的强制性保障

调查核实是检察机关正确有效行使民事诉讼监督职权的必要措施，但在监督实践中，调查核实制度的运行情况并不理想，其主要原因在于调查核实权缺乏强制性保障，即相关立法对于无正当理由拒绝配合甚至阻碍调查的情形并没有规定处罚措施。建议立法机关在民事审判和监督中，对法院的调查取证权和检察机关的调查核实权予以同等保障，明确规定有关单位和个人对检察机关的调查核实不予配合时，检察机关可以采取的处罚措施。

3. 民事诉讼监督制度运行的规范化保障

随着监督实践的发展和监督理念的更新，《规则》的部分规定已不适应新时代民事检察工作发展的要求，有必要作出修改：一是修改完善案件受理制度，适当扩大检察机关依职权监督的范围，明确将虚假诉讼监督列入依职权监督的范围；二是进一步理顺案件审查办理机制，建立案件繁简分流工作机制，合理配置司法资源，提升司法效率；三是在精准监督理念的指引下，明确抗诉与再审检察建议的适用范围，不断增强抗诉的精准度和监督的权威性；四是建议将复查案件的启动方式设置为依职权启动，取消依申请启动的方式；五是进一步严格提请抗诉案件办理程序，适当引入专家委员会制度；六是增加民事诉讼类案监督的相关规定，突出民事诉讼监督案件的办理效果；七是明确跟进监督案件的启动和办理程序，不断增强民事诉讼监督的刚性。

第五节　民事检察复查制度

民事检察监督复查程序是指检察机关依据申请监督人的申请，对下级检察院作出的决定进行复查，以判断原决定是否正确，案件是否符合检察建议或抗诉条件的程序。民事检察监督复查程序具有确保个案诉讼监督结果正确，实现检察权自我纠错和内部制约的价值。该程序的启动主要依据当事人的申请，复查的对象是下一级检察院的监督结论。该申请作为上一级检察院民事检察监督案件的一种来源，其办理程序是由负责控告申诉检察的部门受理初核、由民事检察部门审查、作出监督结论并将决定书发送当事人。该程序与该上级院受理的有管辖权的当事人初次申请监督案件的办理程序相同。

一、民事检察复查制度确立的过程

所谓民事检察复查制度，首先要明确其针对的是民事裁判结果监督，而且仅是指对部分民事裁判结果监督案件进行的复查。2012 年 8 月修订的《中华人民共和国民事诉讼法》与 2013 年 11 月颁布的《人民检察院民事诉讼监督规则（试行）》，均未规定民事检察复查内容。2013 年 8 月，最高人民检察院原民事行政检察厅与原控告检察厅联合下发的《民事行政检察厅与控告检察厅办理民事行政检察案件第一次座谈会议纪要》（高检民〔2013〕12 号）（以下简称《一次会纪要》）首次提出了复查案件的概念，强调要在受理过程中区分民行监督案件和民行复查案件。2014 年 8 月，两厅又联合下发了《民事行政检察厅与控告检察厅办理民事行政检察案件第二次座谈会议纪要》（高检民〔2014〕6 号）（以下简称《二次会纪要》），对当事人申请复查的对象和程序等作出了更加明确的规定。《二次会纪要》第 7 条规定："当事人不服人民法院作出的生效判决、裁定、调解书，申请检察机关监督，同级人民检察院受理审查后作出不支持监督申请决定，当事人认为该不支持监督申请决定存在错误的，可以向上一级人民检察院申请复查 1 次。提出复查申请时，应当提交申请书和证明存在错误的证据材料，并说明理由和依据。上一级人民检察院控告检察部门负责受理复查申请，并将复查申请材料移送民事检察部门审查处理。民事检察部门审查后，对于确实存在错误的，应当依法纠正；对于不存在错误的，制作维持下一级人民检察院《不支持监督申请决定书》的决定，发送申请人；申请人在提出申请时未提出证明存在错误的证据材料，也未说明理由和依据或者提交的证材料和说明的理由、依据明显不能成立的，民事检察部门可以径行作出维持决定。"

《人民检察院民事诉讼监督规则》（以下简称《监督规则》）新增第一百二十六条专门规定了民事检察复查制度，充分吸收了上述纪要的规定，并在当事人申请复查期限、检察机关办理复查案件期限、上级检察院依职权复查等方面进行了完善。根据《监督规则》，当事人认为人民检察院对同级人民法院已经发生法律效力的民事判决、裁定、调解书作出的不支持监督申请决定存在明显错误的，可以在不支持监督申请决定作出之日起1年内向上一级人民检察院申请复查1次。负责控告申诉检察的部门经初核，发现可能有以下情形之一的，可以移送本院负责民事检察的部门审查处理：①有新的证据，足以推翻原判决、裁定的；②有证据证明原判决、裁定认定事实的主要证据是伪造的；③据以作出原判决、裁定的法律文书被撤销或者变更的；④有证据证明审判人员审理该案件时有贪污受贿，徇私舞弊，枉法裁判等行为的；⑤有证据证明检察人员办理该案件时有贪污受贿，徇私舞弊，滥用职权等行为的；⑥其他确有必要进行复查的。负责民事检察的部门审查后，认为下一级人民检察院不支持监督申请决定错误，应当以人民检察院的名义予以撤销并依法提出抗诉；认为不存在错误，应当决定复查维持，并制作《复查决定书》，发送申请人。上级人民检察院可以依职权复查下级人民检察院对同级人民法院已经发生法律效力的民事判决、裁定、调解书作出不支持监督申请决定的案件。对复查案件的审查期限，参照《监督规则》第五十二条第一款规定执行。

二、民事检察复查制度确立的背景

《监督规则》的颁布实施，标志着复查制度由原来内部规范性文件规定的探索性工作正式上升为司法解释确立的一项民事检察制度。民事检察复查制度设立的初衷与《监督规则》规定的民事检察案件同级受理制度密切相关。根据民事诉讼法第二百零八条、第二百零九条的规定，作出生效民事判决、裁定、调解书的人民法院的同级人民检察院拥有再审检察建议权和提请上级人民检察院抗诉权，其上级人民检察院拥有抗诉权。当事人在向检察机关申请监督时，既可以选择向同级检察机关申请再审检察建议或者提请抗诉，也可以直接向上级检察机关申请抗诉。当事人向检察机关申请监督的主要目的是启动人民法院的再审程序，当其向同级人民检察院申请监督时，无论该院是发出再审检察建议还是提请上级院抗诉，都不一定会导致再审程序的启动，甚至直接就被同级人民检察院告知不支持监督申请。相比之下，直接向上级人民检察院申请监督，由上级人民检察院提出抗诉，在当事人看来，程序更直接简便，人民法院再审程序启动的可能性会更大。因此，如果让当事人自由选择，有可能会导致民事诉讼法规定的再审检察建议和提请抗诉制度形同虚设，案件大量汇集在上级人民检察院，或者当事人同时向两级人民检察院申请监督，造成司法资源的浪费。为便于当事人申请监督，充分发挥再审检察建议同级监督的优势，同时也为了缓解检察机关民事裁判结果监督工作中长期存在的"倒三角"难题，提高监督效率和效果，《监督规则》规定了"同级受理"原则，即当事人根据《中华人民共和国民事诉讼法》第二百零九条第一款的规定向人民检察院申请检察建议或者抗诉，由作出生效民事判决、裁定、调解书的人民法院所在地同级人民检察院控告检察部门受理。"同级受理"为再审检察建议发挥作用创造了制度空间，一定程度上解决了上级人民检察院直接受理存在的问题，但客观上也有法律规定的抗诉权在上级人民检察院，同级人民检察院的不支持监督申请决定是否有终局性这样的质疑。因此，在坚持"同级受理"原则的情况下，一律不允许当事人向上级检察院申请监督也有不合理之处。为了弥补上述"同级受理"可能存在的缺陷，2014 年 8 月的《二次会纪要》才规定了当事人"可以向上一级人民检察院申请复查一次"，作为"同级受理"制度的补充。

《二次会纪要》下发以后，最高人民检察院即开始受理复查案件，各地检察机关受理的复查案件基本上是从 2015 年开始的。民事检察复查制度在多年运行中也反映出了一些问题。有观点认为，民事检察复查制度的确立变相改变了《中华人民共和国民事诉讼法》第二百零九条规定的"一次申请监督原则"，客观上并没有节约司法资源，也使《监督规则（试行）》意图通过同级受理制度将矛盾解决在基层、解决民事检察办案"倒三角"的目的难以实现，甚至使原本就存在的民事检察案件"倒三角"矛盾更加突出，案件和信访压力大量集中在最高人民检察院和省级人民检察院。还有观点认为，复查案件司法投入与产出不成正比，从运行实践来看，绝大多数案件经上级院复查维持了原不支持监督申请决定，只有 5% 甚至更少的案件被撤销原不支持监督申请决定而向法院提出抗诉。因此，建议检察机关应坚持民事诉讼法规定的"一次申请监督原则"，对于已经作出不支持监督申请决定的案件，不再赋予当事人申请复查的救济权利。对于下级人民检察院对同级人民法院生效裁判做出的不支持监督申请决定，可以通过案件评查、办案质量抽查、专项检查等内部监督程序进行监督，发现确有错误的，本院或上级人民检察院可以依职权予以纠正。对于当事人申请复查的，应该作为信访事项由控告申诉检察部门根据检察机关处理信访事项的相关规定进行处理。理论与观点的不断碰撞，终将推动实践的不断发展。经过最高人民检察院和部分省市检察院的多年实践，民事检察复查制度被证明基本符合司法规律，最终在《监督规则》中得以正式确立。

三、民事检察复查制度确立的理论基础和价值导向

民事检察复查制度是为了弥补"同级受理"之不足而诞生的，在后天实践中也有一定争议，曾一度被呼吁取消。民事检察复查制度之所以能够在《监督规则》中被以司法解释的形式正式确定为民事检察制度，除了有弥补"同级受理"之不足的功能和丰富的实践积累外，还有如下理论基础和价值导向。

（一）民事检察复查制度的确立是以人民为中心的体现，符合做强民事检察的要求

民为邦本，法系根基。中国特色社会主义法治体系建设的根本目的是保障人民权益。司法解释的制、改、废也必须始终坚持党的领导，深入贯彻习近平法治思想，落实习近平总书记 2020 年 5 月 29 日在中央政治局第二十次集体学习中关于"要加强民事检察工作，加强对司法活动的监督，畅通司法救济渠道，保护公民、法人和其他组织合法权益"的重要指示。做强民事检察，除了深耕精准监督外，还必须持续更新监督理念，培育权力监督与权利救济相结合的民事检察思维。民事检察中任何制度的设置都要体现对人民权利的保护。民事检察复查制度，能够为当事人不服人民法院生效裁判和下级院不支持监督申请决定提供有效的救济途径，一定程度上相当于当事人在经历人民法院三次审判，向检察机关一次申请监督之后，又被赋予了一次申诉的权利，使当事人有机会再一次表达诉求，真正做到了畅通司法救济渠道，切实保护当事人的合法权益。所谓"民事大如天"，做强民事检察，必须坚持以人民为中心，努力让人民群众在每一项司法制度、每一个执法决定、每一宗司法案件中感受到公平正义。民事检察复查制度的确立为人民群众提供了更优更实的民事检察产品，正是以人民为中心的体现。

（二）民事检察复查制度的确立是当事人私权救济主义从立法向司法扩张的体现，符合当今民事检察兼具公权监督与私权救济属性的要求

检察机关作为国家的法律监督机关，在民事诉讼领域，长期以来都被定位是对公权力的监督机关，监督人民法院审判权和执行权的行使。1991 年的民事诉讼法就非常鲜明地体现了检察机关公权力监督的属性。其中，把当事人申请再审的情形和检察机关抗诉的情形完全分开规定，例如把"有新的证据足以推翻原判决"的再审情形排除在检察机关的抗诉情形之外，因为新证据是在法院裁判之外新出现的证据，法院原判决并无违法之处，因只涉及私人利益，检察机关不应就此进行监督，当事人可以申请再审。但是随着两次民事诉讼法的修改特别是 2012 年的修改，这种情况出现了根本性变化，检察机关抗诉的情形已经完全等同于当事人申请再审的情形。

特别是《中华人民共和国民事诉讼法》第二百零九条的规定，将原来当事人的申请是检察机关提出监督的线索来源之一，变成了检察机关的监督可以是当事人私权救济的途径之一，检察机关由选择性监督变成了必要的诉讼参与监督。当事人私权救济主义的立法倾向直接改变了检察机关民事检察监督的职能和定位。虽然 2010 年《最高人民检察院关于加强和改进民事行政检察工作的决定》中明确了民事检察对公权力监督的属性，但随着立法的发展变化，民事检察在实践中越来越多地兼具公权监督与私权救济的属性。特别是近几年，最高人民检察院在民事检察工作中反复提出，要注重培育权力监督与权利救济相结合的民事检察思维，实现民事审判、执行权的监督与当事人权利救济的有机统一。民事检察复查制度弥补了"同级受理"在充分保障当事人申请抗诉权利方面的不足，能够被写入《监督规则》，正是当事人私权救济主义从立法向司法扩张的体现，符合当今民事检察兼具公权监督与私权救济属性的要求。

（三）民事检察复查制度的确立是加强检察机关内部领导和制约机制的体现，符合完善民事检察诉讼监督结构和促进司法公正的要求

根据《中华人民共和国人民检察院组织法》的相关规定，检察机关内部上下级检察院之间是领导关系，上级人民检察院认为下级人民检察院的决定错误的，可以指令下级人民检察院纠正，或者依法撤销、变更。《监督规则》第八条也作出了相似内容的规定，在民事诉讼监督领域保证检察机关作为统一的整体行使检察职能。在复查案件中，上级检察院有权纠正下级检察院错误的不支持监督申请决定的主要依据在于上下级检察院之间的领导关系，而设置民事检察复查制度则是对这种领导关系的具体落实。为纠正自身决定可能存在的错误，检察机关在刑事诉讼监督领域制定了《人民检察院复查刑事申诉案件规定》，通过设置刑事申诉案件的管辖、受理、立案、复查等程序，对检察机关维护正确或者纠正错误的刑事决定、判决和裁定，保护申诉人的合法权益，促进司法公正，保障国家法律统一正确实施发挥了重要作用。与相对完善的刑事申诉复查制度相比，仅以内部会议纪要的形式规定民事检察复查制度明显滞后，难以满足"四大检察"全面协调充分发展的需求。把民事检察复查制度在司法解释中予以规定，不仅使民事诉讼监督的结构更加合理，也更有利于加强内部制约和促进司法公正。

（四）民事检察案件复查应遵循的原则

根据《人民检察院复查刑事申诉案件规定》，人民检察院复查刑事申诉案件，应当遵循原案办理权与申诉复查权相分离；依照法定程序复查；全案复查，公开公正；实事求是，依法纠错的原则。基于检察监督的共通性，民事检察案件复查也应

遵循上述除全案复查之外的基本原则。除此之外，基于民事检察案件的特殊性，民事检察案件复查还必须注重谦抑性，遵循有限救济的原则。

首先，关于复查案件范围的有限性。《监督规则》吸收了《二次会纪要》关于复查案件范围的规定，仅规定对于当事人认为人民检察院对同级人民法院已经发生法律效力的民事判决、裁定、调解书作出的不支持监督申请决定存在明显错误的，可以在不支持监督申请决定作出之日起一年内向上一级人民检察院申请复查一次。对于民事审判人员违法行为监督和民事执行监督中作出的不支持监督申请决定，并没有纳入可以复查的案件范围。此外，即便是对民事裁判结果的监督，如果下级检察院作出的是抗诉决定或者发出了再审检察建议，也不允许被申请监督一方向上一级检察院申请复查。因为如果人民法院启动再审程序，被申请监督一方可以在法院的再审程序中主张权利；而如果人民法院没有启动再审程序，则被申请监督一方权利不受影响，自不必申请复查。

一个值得探讨的问题是，对于民事裁判结果监督案件，如果下级检察院作出的终结审查决定确有错误，当事人是否可以申请复查。有一种意见认为，可以申请复查的应是对当事人权利有影响的否定性的、终局性的决定，比如不支持监督申请决定书。对于尚未形成终局性结论的决定，如中止审查决定书，因对当事人权利义务没有产生根本性影响，自不作为复查对象。从这个意义上讲，下级检察院针对民事裁判结果监督作出的终结审查结论如果确有错误，似乎应纳入当事人可以申请复查的案件范围。但也有另一种意见认为，复查制度是对"同级受理"所存在不足的一种弥补，主要解决下一级检察院对申请监督案件应当提请抗诉而未提请抗诉的问题，基于司法政策的延续性，不宜对《二次会纪要》第七条规定的申请复查范围予以扩大。考虑该问题存在一定争议，《监督规则》并未将终结审查决定纳入申请复查范围。

其次，关于复查内容的有限性。复查刑事申诉案件，依照《人民检察院复查刑事申诉案件规定》应进行全案复查。民事检察复查案件是否也要进行全案复查，观点不一。有观点认为民事检察复查案件应和刑事申诉案件一样，进行全案复查，也有观点认为应围绕当事人具体的申诉请求进行复查。实践中掌握的标准也不统一，有全案复查的，也有围绕当事人申诉请求复查的，还有虽然在审查报告中显示是围绕申诉请求进行的复查和回应，但实质上是做了全案审查的。因此，民事检察复查案件应围绕当事人具体的申请复查理由进行审查，遵循复查内容的有限性。民事诉讼活动强调当事人意思的自治性，每个当事人都是自己利益的最佳判断和决定者。人民法院根据民事诉讼法的相关规定，在第二审程序中对上诉请求的有关事实和适用法律进行审查,在再审程序中围绕再审事由进行审查,均非全案审查。在检察监督程序中,由于检察机关公权力监督的属性,要依法监督审判权的行使是否合法公正,附带救济当事人的私权,因此一直以来,对于裁判结果监督案件都是对人民法院民事诉讼活动是否合法进行的全案审查。复查程序则应有所不同,复查程序本就是在民事诉讼法之外又额外赋予当事人的权利,相关民事纠纷已经过人民法院三次审判和一次全案的检察监督,基于司法资源的有限性、维护法院判决和检察机关决定的权威性、保护社会生产生活和交易秩序的安全稳定性等多种因素的考量,民事检察复查案件应充分尊重当事人对自己民事权利的处分,围绕其申请复查理由进行审查。

最后,关于申请复查时效和次数的有限性。司法的终局性和权威性对于维护交易安全和社会秩序异常重要。为了避免终而不结,反复申诉的情况出现,民事检察复查案件也必须遵循申请复查时效和次数的有限性原则。关于复查次数,《二次会纪要》中已经明确当事人申请复查只限于一次,《监督规则》予以吸收。对于不支持监督申请决定作出后多长时间内当事人可以申请复查也即申请复查的时效,《二次会纪要》则没有作出规定。实践中,不乏过了几年当事人才来申请复查的案例。为了尽快定分止争,保护交易安全和维护社会稳定,必须督促当事人及时行使权利。《监督规则》明确规定,当事人可以在不支持监督申请决定作出之日起一年内向上一级人民检察院申请复查一次。

（五）民事检察复查案件审查与处理中的问题

1. 民事检察复查案件的实体审查标准

依据《监督规则》,负责民事检察的部门审查后,认为下一级人民检察院不支持监督申请决定错误,应当以人民检察院的名义予以撤销并依法提出抗诉。由此可见,民事检察复查案件经实体审查,最终的结果有可能是向人民法院提出抗诉。既然是抗诉,就应该坚持抗诉的审查标准。民事抗诉要秉持精准监督的理念,坚持法定性标准与必要性标准相结合。法定性标准是就民事诉讼监督的依据而言,检察机关应当依据《中华人民共和国民事诉讼法》第二百条的相关规定来审查民事裁判结果的违法性。必要性标准是就民事诉讼监督的效果而言,检察机关应当结合监督的社会效果、裁判作出时的司法政策和社会背景等因素对监督的必要性进行审查,在对相关因素综合考量后再做出是否予以监督的决定。尤其是在民事检察复查案件的抗诉上,更是要优先选择在司法理念方面有纠偏、示范、引领价值的典型案件,监督一件,带动一片,切实维护司法公正。

2. 民事检察复查案件复查制度的完善

依据《监督规则》，负责民事检察的部门审查后，认为下一级人民检察院不支持监督申请决定不存在错误的，应当予以维持，并制作《复查决定书》，发送给申请人。最高人民检察院和部分地方检察院的《复查决定书》采用的是制式文书，并不针对当事人的申请复查理由进行说理和回应，而是统一表述为"经审查，本院认为该不支持监督申请决定正确，决定予以维持"。实践中，经常会遇到案件实体处理结果并无不当，应予复查维持原不支持监督申请决定，但是存在司法瑕疵的情况，比如法律文书的文字、案号等重复、错漏。这种情况下，如果直接写明"本院认为正确"的话，往往容易引发当事人的不满，认为检察机关不作为，对于明显的错误还认为正确。因此，对于有司法瑕疵的案件，负责民事检察的部门可予以维持原处理决定的同时，在复查决定书中指出相关司法瑕疵。

3. 上级检察院依职权复查问题

《监督规则》在《二次会纪要》的基础上，新增了上级检察院依职权复查的规定，即上级检察院可以依职权复查下级检察院对同级法院已经发生法律效力的民事判决、裁定、调解书作出不支持监督申请决定的案件。需要注意的是，依职权启动复查程序的情形，可参考《监督规则》第三十七条关于人民检察院依职权启动监督程序的相关规定，确保在没有当事人申请复查的时候，对在履职中发现的确需检察机关主动监督的案件，可以行使复查权。如果上级检察院依职权进行复查后发现下级检察院的决定是正确的，应当作出终结审查决定；发现错误的，应当以人民检察院的名义予以撤销并依法提出抗诉。此外，上级检察院依职权进行复查，不受层级的限制，可以依职权复查下一级或者下两级、三级检察院的不支持监督申请案件。

【典型案例】

福建甲光电公司、福建乙科技公司
与福建丁物业公司物业服务合同纠纷和解案①
（检例第 80 号）

【关键词】

企业债务纠纷　不影响审判违法监督　多元化解机制　检察调处

【要旨】

检察机关办理民事监督案件，在不影响审判违法监督的前提下，可以引导当事

---

① 选自最高人民检察院第二十一批指导性案例，2020 年 7 月 30 日发布。

人和解，但必须尊重当事人意愿，遵循意思自治与合法原则，在查清事实、厘清责任的基础上，依法促成和解，减轻当事人诉累，营造良好营商环境。

【基本案情】

福州软件园兴建于 1999 年 3 月，是福建省迄今为止规模最大的软件产业园区。2007 年，福建甲光电有限公司（以下简称甲公司）、福建乙科技有限公司（以下简称乙公司）等进驻软件园，购买园区土地建设自有研发楼。为提升园区服务质量，2011 年 1 月 28 日，福州丙开发有限公司（以下简称丙公司）通过招投标方式确定福建丁物业有限公司（以下简称丁公司）作为物业服务中标单位，中标价为 1.3 元/平方米·月$^{-1}$。2011 年 3 月 28 日，丙公司与丁公司签订物业服务合同。甲公司、乙公司等多家公司认为，其自建园区相对独立封闭，未得到物业服务，且自身未与物业公司签订物业服务合同，因此拒绝交纳物业费，引发纠纷。丁公司于 2013 年 10 月向福建省福州市鼓楼区人民法院起诉，请求甲公司、乙公司支付拖欠的物业服务费及违约金。

鼓楼区人民法院一审认为，签订物业服务合同的一方须为物业的建设单位，甲公司的办公楼系其自建，故丙公司签订的物业服务合同对甲公司、乙公司无约束力，但丁公司对园区的道路、绿化等配套设施进行日常维护管养，甲公司、乙公司享受了基础设施服务，故应当支付物业费，酌定物业服务费标准为合同标准的 30%，即 0.39 元/平方米·月$^{-1}$。丁公司不服，上诉至福建省福州市中级人民法院。二审判决驳回上诉，维持原判。丁公司向福建省高级人民法院申请再审。再审法院认为，丙公司是园区公共区域的建设单位，其依法选聘物业服务企业并签订物业服务合同，对园区内公司具有相应约束力，改判甲公司、乙公司按照 1.3 元/平方米·月$^{-1}$ 的标准交纳物业服务费。

【检察机关监督情况】

受理情况。甲公司、乙公司等民营企业认为其自建园区未享受物业服务，且丙公司无权代表业主签订物业服务合同，遂于 2018 年 11 月向福建省人民检察院申请监督。该院予以受理审查。

调查核实。为查清事实，检察机关走访福州市某管理委员会和丙公司，并实地查看甲公司、乙公司等多家民营企业的自建园区，调阅三次审理的审判案卷，全面掌握案件事实和争议症结。同时，在调查走访中也了解到，再审败诉对甲公司、乙公司等民营企业的营商环境产生一定影响，特别是与物业公司发生的长期纠纷也影响了企业的正常经营。

和解过程及结果。福建省人民检察院经研究认为，由于丁公司仅对甲公司等自

117

有园区以外的公共区域提供物业服务，仍按照合同标准确定物业服务费，有违公平合理原则。为此，检察机关多次约谈物业公司和相关科技公司的法定代表人及诉讼代理人，认真听取并分析双方意见，解释法律规定，各方一致认为此案的最佳处理方式是和解结案。在检察机关引导下，双方自愿达成和解协议，丁公司同意甲公司、乙公司按照 0.85 元/平方米·月$^{-1}$的标准交纳物业服务费，对之前六年的物业服务费一并结算，即时履行完毕，并将和解协议送交执行法院，执行法院终结本案执行。2019 年 8 月，福建省人民检察院作出终结审查决定。

【指导意义】

（1）坚持和发展新时代"枫桥经验"，构建和谐营商环境。各级人民检察院办理民事监督案件，应当积极践行"枫桥经验"，在不影响审判违法监督、不损害国家利益、社会公共利益及他人合法权益的前提下，可以引导当事人自愿达成和解协议。由于民事监督案件涉及的法律关系已经为生效裁判确认，人民检察院应当把握和解的适用条件，避免损害裁判的既判力。如果生效裁判并无不当，人民检察院应当释法说理，说服申请人息诉罢访；如果人民法院的生效裁判违反法律相关规定，同级人民检察院在尊重当事人意愿的前提下可以引导当事人和解，节约司法资源、化解矛盾纠纷，真正实现"双赢、共赢、多赢"。

（2）检察机关引导当事人达成和解协议的，应当加强与法院执行程序的衔接。人民检察院办理民事监督案件，引导达成和解的，要注意与人民法院执行程序的衔接。当事人达成和解协议后，检察机关应当告知当事人向执行法院递交和解协议，必要时检察机关也可以主动告知执行法院相关和解情况，由执行法院按照执行和解的法律规定办理，以实现案结事了。

【相关规定】

《中华人民共和国民事诉讼法》第七条、第二百条、第二百零八条

《人民检察院民事诉讼监督规则（试行）》第五十五条、第六十六条、第七十五条第一款第二项

第八章
行政检察

【学习目标】

掌握行政检察的概念；

了解行政检察的内容；

了解行政检察的手段。

【重点和难点】

了解行政检察的主要内容和手段；

了解行政非诉执行；

了解行政争议实质性化解；

掌握"枫桥经验"的内涵与启示。

【案例导入】

山东省某机械有限责任公司违法用地行政处罚非诉执行监督案

2018 年 7 月 3 日，山东省某市综合行政执法局对某机械有限责任公司法定代表人杨某违法占用土地提出行政处罚决定，后向该市人民法院申请强制执行。2019 年 1 月 24 日，市人民法院以被申请执行的行政行为明显缺乏事实根据为由，作出行政裁定，不准予执行上述行政处罚决定，并分别送达市综合行政执法局和杨某。后市综合行政执法局撤销原行政处罚决定，重新作出行政处罚决定，杨某也自觉履行。但法院裁判文书网公开此案的行政裁定书文书内容为：对某市综合行政执法局 2018 年 7 月 3 日作出的行政处罚决定书准予强制执行，裁定书落款时间为 2018 年 8 月 28 日。某市人民检察院依职权监督查明，法院在该案中存在以下违法情形：①网上公开的裁定书是错误的；②行政机关申请强制执行 3 个月后法院才立案，立案后 3 个

119

月才作出裁定，属于超期审查。市综合行政执法局在行政处罚调查中程序不规范：①未依法定程序向杨某送达有关文书；②未充分保障当事人在行政执法中的陈述权、抗辩权。该市人民检察院分别向市人民法院和市综合行政执法局提出检察建议：建议市人民法院依法确认超期审查，撤回网上公开的错误的准予强制执行行政裁定书，在今后的行政非诉执行案件审查办理工作中严格办案程序，避免程序违法；建议市综合行政执法局纠正违法行为，在今后的执法工作中规范执法程序，做到严格公正执法。该市人民法院、市综合行政执法局均采纳检察建议。

请思考以下问题：

检察院出具的检察建议是否合理？

第一节　行政检察的概念与内涵

行政检察负责办理向人民检察院申请监督和提请抗诉的行政案件的审查、抗诉等工作，承办对人民法院行政诉讼活动的法律监督，对审判监督程序以外的其他审判程序中审判人员的违法行为提出检察建议，对行政执行活动实行法律监督。办理人民检察院管辖的行政申诉案件。

行政检察是一个不断发展的概念，可作广义和狭义两种意义上的理解。就广义的行政检察而言，基于检察机关作为法律监督机关的宪法定位，基于行政法的目的是约束和规范行政权力，应当研究和关注检察权监督行政权的制度与理论，包括行政诉讼监督、行政违法行为监督、行政公益诉讼检察等。狭义的行政检察主要指对行政诉讼活动的监督，包括行政诉讼裁判结果监督、行政审判人员违法行为监督、行政执行监督（包括裁判执行监督和非诉执行监督）。2021 年 6 月，中共中央印发《关于加强新时代检察机关法律监督工作的意见》提出：检察机关在履行法律监督职责中发现行政机关有违法行使职权或者不行使职权的，可以依照法律规定制发检察建议督促其纠正；在履行法律监督职责中开展行政争议实质性化解工作，促进案结事了。该意见对检察机关开展行政违法行为监督、行政争议实质性化解提出了新要求。至此，新时代行政检察不仅要注重监督人民法院依法审判和执行，还要注重监督行政机关依法行政，注重行政争议的实质性化解，保护公民、法人和其他组织合法权益，保护国家、社会利益，维护社会的稳定[1]。

---

① 杨春雷，万春，姜明安. 行政检察业务［M］. 北京：中国检察出版社，2022：1.

第二节　行政非诉执行

一、行政非诉执行含义

是指人民法院对行政机关申请强制执行的行政行为，进行受理、审查、裁定和实施的活动。检察机关行政非诉执行监督的重点：一是人民法院对行政非诉执行申请是否依照行政诉讼法及其他相关行政法律法规进行立案审查，重点关注涉及国家利益、社会公共利益的行政决定的执行情况。二是人民法院对行政非诉法律文书的执行过程中是否存在违法情形，如违法执行和解、滥用终结本次执行程序、消极执行、选择性执行等。三是行政机关申请法院强制执行后，是否存在法院裁定由行政机关强制执行而行政机关未及时执行的情形。

二、行政非诉执行监督工作流程

行政非诉执行监督工作流程如图 8-1 所示。

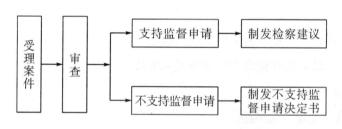

图 8-1　行政非诉执行监督工作流程

三、行政非诉执行监督

（一）定义

行政非诉执行是我国执行制度的重要组成部分，既涉及法院的司法行为，又涉及行政机关的行政行为，具体是指，行政机关作出具体行政行为后，公民、法人或者其他组织等行政相对人在法定期限内，既不向人民法院提起行政诉讼，又拒不履行已生效的具体行政行为所确定的义务时，不具有强制执行权的行政机关为了实现行政管理的目的，向法院申请强制执行，法院对行政机关申请强制执行的行政行为，进行受理、审查、裁定和实施，从而使行政机关的具体行政行为得以实现的制度。这类行政案件因未进入诉讼程序而直接进入执行程序，故称为"非诉"。

检察机关对行政非诉执行活动进行法律监督，这种监督具有双重职能作用，既促进公正司法，又促进依法行政。行政非诉执行监督不仅要监督法院对非诉执行案件的受理、审查、裁定、实施等司法行为，也要监督纠正行政机关的行政违法行为，包括不依法申请执行、不实施法院执行裁定，以及行政行为本身违法等。

（二）行政非诉执行的特征

（1）与行政机关自行强制执行不同，行政非诉执行的主体是人民法院。

（2）与行政裁判结果的执行依据是法院裁判文书不同，行政非诉执行的依据是行政机关作出的生效行政决定。

（3）与行政诉讼系"民告官"不同，行政非诉执行通俗地说是"官告民"，申请执行人一般为作出具体行政行为的行政机关，特殊情况下也可以是行政行为所确定的权利人，被执行人为公民、法人或其他组织等行政相对人。

（4）行政非诉执行进入执行程序的前提，是具体行政行为所指向的行政相对人在法定期限内，既不向人民法院提起诉讼，又拒不履行该具体行政行为确定的义务。

（5）行政非诉执行的目的，是保障没有强制执行权的行政机关所作出的具体行政行为能够实现。

（三）启动方式

（1）检察机关在日常办案中依职权发现。

（2）公民、法人或其他组织向检察机关申请。

（四）监督重点

1. 法院执行受理、立案违法

在行政非诉执行案件受理、立案环节，法院是否存在应立案不立案、不应立案而立案、违反管辖规定、受理审查和对不予受理裁定的复议审查超过法律规定期限等情形。

2. 法院执行裁决违法

法院对行政机关的强制执行申请应当准予执行而不准予执行、不应准予执行而准予执行、对是否准予执行的审查和不准予执行裁定的复议审查超过法律规定的期限；作出的中止执行、终结本次执行程序、终结执行、恢复执行、罚款、拘留、暂缓执行、调查、控制、处置财产等执行裁定、决定违反法律规定。

3. 法院执行措施或程序违法

法院采取调查、查封、扣押、冻结等执行措施及执行和解是否存在违反法律规定，急于执行或不执行，变更、追加执行主体错误，执行不到位等情形。

4. 行政机关的具体行政行为违法

行政机关据以申请执行的行政行为是否合法，是否及时申请法院强制执行，法院裁定执行后是否及时执行等。特别是涉及国家利益、社会公共利益的行政行为是否合法是监督重点。

（五）监督手段

1. 检察建议

一方面，发现行政机关存在行政行为不规范、违法或者制度漏洞等问题，依法提出检察建议，督促相关行政机关整改落实。另一方面，针对法院的执行违法行为，发出检察建议督促依法执行。

2. 移送线索

在监督过程中，如发现违法违纪犯罪线索，须移送纪检监察机关处理。

（六）申请行政非诉执行监督需要提交的材料

（1）行政非诉执行监督申请书。

（2）身份证明，自然人需提交身份证复印件或户口本个人页复印件，法人或非法人组织提交相关主体资格证明材料。

（3）与案件相关的法律文书。

（4）与本案相关的其他材料。

（七）行政非诉执行案件的执行期限

根据《最高人民法院关于严格执行案件审理期限制度的若干规定》（2000年9月28日起施行）第五条规定，非诉执行案件应当在立案之日起三个月内执结；《最高人民法院关于人民法院办理执行案件若干期限的规定》（2007年1月1日起施行）第一条也规定，非诉执行案件一般应当在立案之日起3个月内执结。同时，根据最高人民法院《关于执行案件立案、结案若干问题的意见》第二条的规定，执行案件统一由人民法院立案机构进行审查立案。根据上述司法解释，可以明确非诉执行案件3个月的执行期限应当自立案之日起计算。同时，《最高人民法院关于适用〈中华人民共和国行政诉讼法〉的解释》第一百六十条第一款规定"人民法院受理行政机关申请执行其行政行为的案件后，应当在七日内由行政审判庭对行政行为的合法性进行审查，并作出是否准予执行的裁定"。该条第三款规定，"需要采取强制执行措施的，由本院负责强制执行非诉行政行为的机构执行"。对此，我们认为，行政审判庭作出准予执行裁定后以移送执行书移送执行部门执行，属于法院内部的移送程序，非诉执行案件执行期限仍应当自立案之日起计算。

第三节　行政争议实质性化解

一、基本内涵

从检察机关的视角来说，行政争议实质性化解，就是要围绕检察履职，检察官成为检察调解员，对行政机关和行政相对人之间的实质性行政争议，采取公开听证、法治教育、释法说理等方式，促成和解，实现案结事了政和。

二、法源基础

有人认为行政检察就是对生效裁判监督、执行监督、审判人员违法监督，行政争议化解纳入行政检察范畴，有可能会偏离主责主业。笔者认为，检察机关化解行政争议有法律授权，属于行政检察履职行为。《中华人民共和国行政诉讼法》第一条规定：为保证人民法院公正、及时审理行政案件，解决行政争议，保护公民、法人和其他组织的合法权益，监督行政机关依法行使职权，根据宪法，制定本法。从第一条中可以看出解决行政争议是行政诉讼的目的之一。行政检察制度规定在行政诉讼法之中，如《中华人民共和国行政诉讼法》第十一、九十三、一百零一条规定检察机关的职责，对行政生效裁判结果、审判程序中的审判人员违法行为、行政执行活动进行监督，因此可以认为行政检察的目的包含有解决行政争议。从这个角度看行政诉讼法赋予了检察机关化解行政争议的职责，检察机关化解行政争议属于行政检察履职行为，是检察机关的主责主业之一，是检察履职的应有之义。此外，《中共中央关于加强新时代检察机关法律监督工作的意见》《人民检察院行政诉讼监督规则》都将行政争议实质性化解作为检察机关全面深化行政检察监督的重要内容。

三、"枫桥经验"的借鉴

20世纪60年代初，浙江省绍兴市诸暨县（现诸暨市）枫桥镇干部群众创造了"发动和依靠群众，坚持矛盾不上交，就地解决，实现捕人少，治安好"的"枫桥经验"。"枫桥经验"的精髓就是"小事不出村，大事不出镇，矛盾不上交，就地化解"。据统计，近年来枫桥镇成功调处各类纠纷一千多件，调处成功率97.2%，其中80%的纠纷在村一级就得到了解决。"枫桥经验"对于做好行政争议化解工作具有借鉴意义，就是在办案中不能就案办案，要提升站位，兼顾政治效果、法律效果、社会效果的统一。从案结事了政和的角度出发，实质化解矛盾，保障民生民安，推动政府平安建设。在借鉴学习"枫桥经验"的基础上，深化矛盾化解的理念，善于用法治思维和法治方式来化解行政争议，解决好涉及群众切身利益的突出问题，促进社会安定有序、国家长治久安。

（一）化解工作的难点和困境

1. 化解工作的难点

（1）关联案件多。当事人往往因为一件事如一次拆迁提起几十件行政诉讼。有的案件当事人与政府之间因为一件事引发多起矛盾纠纷，甚至行政和民事案件交织，如周某某与江苏省张家港市某镇政府拆迁纠纷案，周某某以政府为被告先后提起行政、民事诉讼9件，周某某要求政府赔偿拆迁中砍伐其树木的损失，要求对其房屋重新安置，要求支付拆迁安置费等，案件错综复杂。

（2）当事人双方矛盾深。当事人与行政机关双方往往积怨已深，矛盾持续多年，有的持续几年，十几年，甚至长达数十年。当事人之间矛盾持续时间长，互不信任，相互埋怨，各不相让。

（3）当事人年龄偏大。行政案件当事人年龄普遍偏大，当事人年纪大，往往思想固化，固执己见，做其思想工作，释法说理难度更高。如周某某与江苏省张家港市某镇政府拆迁纠纷案，当事人周某某已经71岁，在化解工作中，其思前顾后，坚持自己的观点，且情绪较为激动，所以化解工作中与当事人的沟通需要细心耐心，帮助其慢慢打开心结。

（4）化解工作要求高、难度大。化解工作涉及方方面面，解决问题往往要和多个部门沟通，如拆迁纠纷，案件可能涉及市（区）司法局、住房城乡建设局、信访局、征收中心等多个部门，如何和多个部门沟通，如何找到代表都需要付出诸多努力。除了沟通工作，梳理繁杂的案情，理顺化解工作流程，制定可行的化解工作方案，稳步有序开展化解工作都需要缜密思考，审慎抉择。

2. 基层检察机关的困境

（1）案件人员受限，不能化解。行政争议化解需要以检察机关受理的案件为依托，而基层检察机关受理的行政监督案件有限，因为很多行政案件一审判决后当事人多数会提起上诉，而对于二审生效判决，基层检察机关则没有监督权限。目前多地行政案件实行集中管辖，本地当事人之间的行政纠纷由本市其他基层法院审理，这在客观上限缩了化解案件的数量。此外化解工作需要投入大量的精力，需要一定的化解团队人员支持，而基层检察院行政检察目前人员配备偏弱，团队人员精力有限。

（2）专业性强，不会化解。行政争议实质性化解对于基层检察机关来说，是一个既熟悉又陌生的工作，熟悉在于上级院对化解工作高度重视，部署开展了专项活动，其重要性不言而喻；陌生在于化解工作专业性强，目前还缺乏流程指引、操作规范等，基层检察机关不知道如何开展化解工作，哪些案件适宜化解，难以找到工作的切入点和方式方法等。

（3）化解的度难以把握，不敢化解。目前在化解工作中，往往需要行政机关做出一定让步，特别是对于拆迁纠纷，行政相对人多数为"钉子户"、信访户等，在化解中，政府可能参考现有政策规定，给予当事人一些经济利益补偿。但是政府的让步是否合理合法，让步是不是无原则的退让，不免让参与化解的承办检察官有所担忧。对此，笔者认为应把握好检察机关的定位，检察官在化解工作中的角色是检察调解员，只是居中协调，对于和解协议内容，让步的程度等只能是提出相关法律意见，具体拆迁政策等规定还是应该由行政机关来把握，这样可以打消检察官在化解工作中的顾虑。

（二）化解工作具体路径

1. 详细了解案情

在充分掌握案情的基础上，与当事人和政府机关加强沟通，赢得双方的信任，为化解工作争取主动。在案件化解初期，对于关联较多的案件，应做到一案一表格，详细分析，全面细致地了解案情，这样才能找到化解的突破口，夯实化解基础。

2. 分析化解的必要性和可行性

在分析化解必要性问题时，要充分考虑化解的现实迫切需要。从检察机关、行政机关、当事人角度各算好一笔"账"。对于检察机关而言，如当事人因为一件拆迁事宜提起数十件诉讼，虽然进入检察环节的仅有一件监督案件，但后续案件经过一审、二审、再审后都会申请检察监督，所以检察机关要看到潜在的案件，此时的化解有必要性。对于行政机关来说，如果问题得不到及时解决，往往会耽误政府的重大民生工程建设，拆迁工程的推进等，从依法全面履职的角度，化解亦有其必要性。对于当事人来说，从解决现实问题看，如双方不和解，则纠纷会无限期僵持下去。

从可行性角度来说，要对各方诉求进行全面梳理，深入评估涉案矛盾风险和利益平衡点，找出双方诉求的差距以及现有化解可利用的条件，评估和论证化解的现实可能性。

3. 制订化解工作方案

从案件案情出发，围绕双方当事人诉求，找到问题症结，围绕关键问题，仔细研究推进化解工作的措施，稳步有序推进化解工作，列明化解要推进的各项工作和时间表，化解工作方案应经集体讨论并经分管检察长审批。

4. 调查核实，释法说理，做双方当事人的工作

在化解中，要充分运用检察机关的调查核实权，查明有无程序空转问题，案件的关键事实等。做当事人的工作，尤其是行政相对人的工作时，要融情融法融理，讲究细心、耐心、专心，要耐心倾听，持续释法说理，要将心比心，换位思考，降低当事人预期；做政府一方的工作时，要讲究策略方法，要抓住关键人，抓住问题的"牛鼻子"。

5. 和解协议达成

在和解协议达成上，检察机关的定位是居中调解，检察官的角色定位是检察调解员，和解协议是双方自愿依法达成的，对于和解协议应由当事人起草，检察机关从法律专业视角，提出修改意见，供双方参考，由双方当事人进行确认。

6. 和解签约仪式

检察机关对和解签约仪式的流程要提出法律意见，充分体现仪式感，确保和解签约仪式规范有序进行。检察机关应当派员参加和解签约仪式，在出席和解签约仪式时，检察官的身份既不是监督员也不是见证员，而是代表检察机关参加签约仪式，并适度发表意见。

127

第四节　新时代"枫桥经验"

20世纪60年代初，浙江省绍兴市诸暨县（现诸暨市）枫桥镇的干部群众创造了"在发动和依靠群众，坚持矛盾不上交，就地解决，实现捕人少，治安好"的"枫桥经验"，成为了我国社会治安综合治理的一面旗帜，历久弥新。今天的枫桥镇，已经成为名副其实的美丽乡村，在"枫桥经验"基础上探索形成了一系列新时代社会治理的新做法，为构建共建共治共享的社会治理格局提供了新经验，带给我们新的思考和启示。

"枫桥经验"是坚持不懈，与时俱进，在坚持中求发展，在深化中求创新，正确处理变与不变关系的典范。

"枫桥经验"形成于社会主义革命和建设时期，发展于改革开放和社会主义现代化建设新时期，创新于中国特色社会主义新时代，其内涵不断丰富，重点不断调整，随着时代的变迁而发展，随着理念的进步而创新，但是其坚持党的领导，坚持

法治思维，走群众路线，以人为本，团结大多数人维护社会和谐稳定的实质一直没有变。

一、新时代"枫桥经验"的内涵

新时代"枫桥经验"体现了习近平新时代中国特色社会主义思想的理论的核心要义，为实现"良政善治"目标提供了成功样本。

随着我国社会主义建设的飞速发展，社会主义初级阶段的主要矛盾已经发生了变化，"枫桥经验"在不同的历史阶段被不断赋予新的内容、新的方法，其内涵不断深化。党的十八大以来，不断创新发展中的"枫桥经验"，在习近平新时代中国特色社会主义思想的指引下，在实践中焕发出新的生机和活力，进一步丰富了习近平总书记"以人民为中心""打造新时代共建共治共享的社会治理格局""多元主题协同共治""人民安居乐业，国家才能安定有序""加快建设'平安中国''法治中国'"等"善治"目标。

（1）坚持党的领导，发挥基层党组织引领群众、凝聚群众、组织群众的中坚作用，是"枫桥经验"的核心。习近平总书记"打造新时代共建共治共享的社会治理格局"的新时代治国理政思路，强调的是在党的领导下，形成多元主体协同共治、让社会充满活力的新局面。"打造新时代共建共治共享的社会治理格局"理念下的多元主体，既包括党的领导，也包括政府负责，同时，活跃在人类社会大系统中、由人民群众组成的企业组织、社会组织、居民自治组织、基层各类群众组织以及人民群众个人等不同主体，都是"共建共治共享"的重要参与者。形成"共建共治共享"的"善治"格局，就是在法制的框架内，在相应的体制机制和制度保障下，实现以上多元主体间的民主协商和良性互动，促进民事民议、民事民办、民事民管，创造生动活泼的基层人民民主新局面。

（2）依靠人民群众解决基层问题是"枫桥经验"的灵魂，也是中国共产党的一贯作风，是党的群众观点和群众路线在现实工作中的生动体现。中国共产党领导中国人民进行社会主义革命和社会主义建设的实践不断证明，只有充分调动广大人民群众的积极性、主动性和创造性，才能够集中群众智慧，推动基层创新工作思路和方法，汇聚起共同创造美好生活的向心力量和切实行动。以人民为中心的发展思想，一方面强调党和政府要善于在加强与群众的沟通联系中增进与群众的感情，善于在真心为群众办实事、解难事中赢得群众的信任；另一方面，着重突出在新时代继续发扬党的优良作风，确立人民群众在基层治理中的主体地位，发挥人民群众在基层治理中的重要作用，焕发人民群众自我管理、自我服务、自我提升的热情，形成人人参与、人人尽力、人人享有的良好局面，让人民群众更有获得感、幸福感、安全感。

（3）坚持"小事不出村，大事不出镇，矛盾不上交，就地解决"是"枫桥经验"的精髓，也是维护社会和谐稳定的基础目标。治理理念强调系统治理，从源头抓起，"截""堵""控"的传统思维模式和管理手段，已经远远不能适应"网络化""全球化"带来的人民群众对社会治理的新要求。通过基层民情沟通会、民意恳谈会、民心交流会、纠纷调解会等人民群众愿意和能够接受的形式，把决策过程变成尊重民意、化解民忧、维护民利的过程，疏导人民群众的不满情绪，消除人民群众的误会，解答人民群众的疑问，解决人民群众的切实困难。把矛盾化解在基层，是保证社会和谐稳定的基础，也是解决上访、告状、网络舆情等"末端"问题最实际、最有效的方法。源头疏通了，也就无须在末端"堵"和"截"了。

（4）实现"捕人少，治安好"，人民安居乐业，是"枫桥经验"的价值追求，也是国家安定有序的根本保证。党的十八大以来，以习近平同志为核心的党中央对平安中国建设高度重视，将内建平安中国、外建和谐世界作为维护中国国家安全的两个重要维度。党的十九大报告中再次提出"建设平安中国，加强和创新社会治理，维护社会和谐稳定，确保国家长治久安、人民安居乐业"，并强调法治引领与保障作用，突出用法治思维与法治方法处理社会矛盾和问题等。这些思想，为构建新时代国家安宁、社会安全、民众安稳的战略思考、政策和规制体系，提供了依据。以守护一方平安为落脚点的"枫桥经验"，成为习近平法治思想成功实践、落地的典范。同时，互联网、大数据、智能化等信息技术的广泛应用，为基层社会治理提供了新的技术手段，提出了新挑战，也为"枫桥经验"注入了新时代的新元素。

二、新时代"枫桥经验"的新启示

学习新时代"枫桥经验"，要抓住新特征，领悟新启示。

"枫桥经验"不只适用于枫桥镇，新时代"枫桥经验"也不只属于枫桥镇。学习、领会新时代"枫桥经验"，可带给我们以下十点启示：

（1）学习"枫桥经验"，必须围绕党和国家改革发展主题，既要坚持党的基本路线不动摇，又要与时俱进，着力解决不同阶段经济政治社会文化生态协调发展中的主要矛盾和问题。

（2）学习"枫桥经验"，必须坚持以人为本，既要尽力而为，又要量力而行，着力解决人民群众最关心、最直接、最现实的利益问题。

（3）学习"枫桥经验"，必须坚持多元主体协同治理，既要充分发挥党委领导、政府主导作用，又要紧紧依靠人民群众，发挥社会组织等主体作用，着力解决群众参与的制度建设问题，解决政府的越位、错位、缺位问题。

（4）学习"枫桥经验"，必须抓住重点难点问题，既要强化管理，更要优化服务，以服务促管理，以人民群众对美好生活向往中亟须解决的问题作为工作重点。

（5）学习"枫桥经验"，必须注重治本，从源头抓起，既要重视区域的整体制度体系设计，又要夯实基层基础，分析原因，抓住每个历史阶段的主要矛盾。

（6）学习"枫桥经验"，必须注意工作方法，刚柔并济，既要维护公平正义的"刚性"，又要体现协调各方利益的"柔性"，着力解决矛盾纠纷化解中的人际和谐问题。

（7）学习"枫桥经验"，必须坚持改革创新，既要完善管理体制，又要创新工作机制和方法，着力解决社会综合治理的法治化、规范化、科学化问题。

（8）学习"枫桥经验"，必须以信息技术作为支撑，既要科学运用网络技术，又要加快整合各类信息资源，着力构建和完善社会管理精细化的基础信息平台。

（9）学习"枫桥经验"，必须发挥道德的约束力量，既要大力弘扬优秀传统文化，注重道德约束，又要大力倡导时代新风，着力解决社会转型期的道德失范问题。

（10）学习"枫桥经验"，必须立足我国国情、各地区情，既要坚持中国特色社会主义，又要注重借鉴国外先进经验，立足当地实际，及时调整、改革和创新治理机制、模式、方法等。

【典型案例一】

山东省某包装公司及魏某安全生产违法行政非诉执行检察监督案①

（检例第 119 号）

【关键词】

行政争议实质性化解　非诉执行监督　公开听证　检察建议

【要旨】

人民检察院办理当事人申请监督并提出合法正当诉求的行政非诉执行监督案件，可以立足法律监督职能开展行政争议实质性化解工作。人民检察院通过监督人民法院非诉执行活动，审查行政行为是否合法，发现人民法院执行活动违反法律规定，行政机关违法行使职权或者不行使职权的，应当提出检察建议。

---

① 选自最高人民检察院第三十批指导性案例，2021 年 9 月 27 日发布。

【基本案情】

山东省某包装有限公司（以下简称"包装公司"）是一家连续多年被评为纳税信用 A 级、残疾人职工占 41.2%、获评为残疾人就业创业扶贫示范基地等荣誉称号的福利性民营企业。2018 年 7 月，包装公司发生一般安全事故，经调解，累计向安全事故受害人赔偿 100 万元。2018 年 10 月 22 日，山东省某县安全生产监督管理局（以下简称"县安监局"）认为该公司未全面落实安全生产主体责任导致发生安全事故，违反《中华人民共和国安全生产法》第一百零九条规定，对该公司作出罚款 35 万元的行政处罚决定；认为公司负责人魏某未履行安全生产管理职责，违反《中华人民共和国安全生产法》第九十二条规定，对魏某作出罚款 4.68 万元的行政处罚决定。后经该公司及魏某申请，2018 年 11 月 8 日县安监局出具《延期（分期）缴纳罚款批准书》，同意该公司及魏某延期至 2019 年 3 月 30 日前缴纳罚款。

2019 年 3 月，公司及魏某因经济困难再次提出延期缴纳罚款请求。经公司驻地乡政府协调，2019 年 4 月 22 日县应急管理局（机构改革后安全生产监管职能并入县应急管理局，以下简称"县应急局"）同意该公司及魏某延期至 2019 年 7 月 31 日前缴纳罚款，但未出具书面意见。2019 年 4 月 30 日，在经营资金紧张情况下，包装公司缴纳 10 万元罚款。

2019 年 7 月 12 日，县应急局认为包装公司未及时全额缴纳罚款，违反《中华人民共和国行政处罚法》第五十一条规定，对包装公司及魏某分别作出 35 万元、4.68 万元加处罚款决定。

经催告，2019 年 8 月 5 日，县应急局向县人民法院申请强制执行原处罚款剩余的 25 万元及魏某的 4.68 万元个人原处罚款，县人民法院分别作出准予强制执行裁定。2019 年 10 月，魏某缴纳个人 4.68 万元原处罚款。2020 年 3 月 6 日、10 日，县应急局分别向县人民法院申请强制执行对包装公司及魏某的加处罚款决定，某县人民法院分别作出准予强制执行裁定。其间，包装公司及魏某对原行政处罚、加处罚款决定不服，向行政机关提出异议，并多次向市、县相关部门反映情况。

【检察机关履职情况】

案件来源。2020 年 4 月 9 日，魏某认为处罚对象错误，不服人民法院准予强制执行县安监局处罚决定的行政裁定，包装公司及魏某不服人民法院准予强制执行县应急局加处罚款决定的行政裁定，向县人民检察院申请监督。

调查核实。受理案件后，县人民检察院重点开展了以下调查核实工作：一是调阅案卷材料，审查行政处罚及法院受理审查情况；二是向县应急局时任主要负责人、相关执法人员了解公司及魏某行政处罚、加处罚款执法和申请法院强制执行情况；

三是到包装公司实地查看，了解公司生产经营状况；四是到公司驻地乡政府了解其协调延期缴纳的情况。检察机关经调查核实并向县人民法院审判人员了解情况，查明：包装公司发生安全事故时，原总经理于某已因股权纠纷、挪用资金等原因离开公司，由魏某实际负责；乡政府出具证明，企业法定代表人陈某证实，县应急局亦认可 2019 年 4 月 22 日经乡政府协调同意包装公司及魏某延期至 2019 年 7 月 31 日前缴纳、未出具书面意见的事实；包装公司在事故发生后已进行整改。

公开听证。县人民检察院多次与包装公司、县应急局沟通，争议双方对加处罚款是否适当、加处罚款决定是否应当撤销等存在重大分歧。为进一步查清案件事实，统一对法律适用的认识，推动行政争议实质性化解，县人民检察院邀请法律专家、人大代表等为听证员，组织对该案进行公开听证。听证员一致认为，对魏某的原行政处罚符合法律规定，处罚适当；对包装公司及魏某作出加处罚款明显不当，应予纠正。

监督意见。县人民检察院经审查：① 对魏某的原行政处罚符合法律规定，处罚适当；县人民法院裁定准予强制执行加处罚款，认定事实与客观事实不符。向县人民法院发出检察建议，建议依法纠正对包装公司及魏某准予强制执行加处罚款的行政裁定。②县应急局实际已同意包装公司和魏某延期缴纳罚款，其在延期缴纳罚款期间对包装公司及魏某作出加处罚款决定明显不当。向县应急局发出检察建议，建议重新审查对公司及魏某作出的加处罚款决定，规范执法行为，同时建议县应急局依法加强对企业的安全生产监管，推动企业规范发展。③建议包装公司进一步加强内部管理，规范企业经营，重视安全生产，提高风险防范能力。

争议化解。收到检察建议后，县人民法院撤销了对包装公司及魏某的准予强制执行加处罚款行政裁定书；县应急局撤销了对包装公司及魏某的加处罚款决定，表示今后进一步规范执法行为。

【指导意义】

（1）行政相对人未就行政决定申请复议、提起诉讼，在行政非诉执行阶段向检察机关申请监督提出合法正当诉求的，检察机关可以立足法律监督职能依法开展行政争议实质性化解工作。行政机关申请人民法院强制执行行政决定，人民法院裁定准予强制执行，行政相对人认为行政决定及行政裁定违法，侵犯其正当权益，向人民检察院申请监督的，人民检察院应当受理。人民检察院办理行政非诉执行监督案件，可以通过调查核实、公开听证和提出检察建议等方式，查清案件事实，明晰权责，凝聚共识，推动行政机关与行政相对人之间的争议得到实质性处理，实现案结事了政和。

（2）人民检察院办理行政非诉执行监督案件，通过监督人民法院行政非诉执行活动，审查行政机关行政行为是否合法，强制执行是否侵犯相对人合法权益。中央全面依法治国委员会《关于加强综合治理从源头切实解决执行难问题的意见》提出，检察机关要加强对行政执行包括非诉执行活动的法律监督，推动依法执行、规范执行。人民检察院监督人民法院非诉执行活动，应当审查准予执行行政裁定认定事实是否清楚、适用法律是否正确，发现人民法院执行活动违反法律规定，行政机关违法行使职权或者不行使职权的，应当提出检察建议，促进人民法院公正司法、行政机关依法行政。

【相关规定】

《中华人民共和国行政诉讼法》第十一条

《中华人民共和国行政强制法》第四十二条

《中华人民共和国行政处罚法》（2017年）第五十一条、第五十二条

《中华人民共和国安全生产法》第九十二条、第一百零九条

《人民检察院行政诉讼监督规则（试行)》第二十九条、第三十四条

《人民检察院检察建议工作规定》第九条

【典型案例二】

胡某与天津市国土资源和房屋管理局撤销不动产权证书行政抗诉案①

【关键词】

依职权抗诉　原告资格认定　"一揽子"解决争议

【案例简介】

胡某所有的房屋和周某所有的两间房屋南北相邻。胡某主张，其2003年购房时南面为露台，南墙上有窗户，2005年入住时发现加建了周某房屋。周某一直未居住。胡某因自己房门被王某封堵，将周某东侧房屋房门凿开，在与周某房屋共用墙面上开出一扇门，并使用周某西侧房屋。2007年5月始，周某以胡某为被告提起恢复原状、给付使用费等多个诉讼，已结案件均获支持，部分案件正在审理或执行中。胡某就其承担的使用费向王某索赔，法院判决王某承担40%的责任。2018年4月，胡某诉请撤销周某两间房屋的登记，天津市某中级人民法院作出257号终审行政裁定，以诉讼请求不明确、胡某与所诉行政行为没有利害关系为由不予立案，胡某申请再审被驳回。胡某向天津市人民检察院某分院申请监督，该院提请天津市人民检

---

① 选自最高人民检察院2020年度十大行政检察典型案例，2021年1月28日发布。

察院抗诉。2018 年 6 月，胡某诉请撤销周某西侧房屋的登记，天津市某中级法院作出 382 号终审行政裁定，以重复起诉为由不予立案，胡某申请再审被驳回。

天津市人民检察院认为，胡某房屋与周某房屋共用墙面上的窗户，究系设计建设时已有还是后来人为开凿，在立案时无法判断。按照立案登记制要求，应认定胡某与所诉行政行为有利害关系，257 号行政裁定的认定存在错误。鉴于 257 号行政裁定对 382 号行政裁定形成的羁束，2019 年 12 月，在对 382 号行政裁定依职权抗诉的同时，对 257 号行政裁定一并提出抗诉。案件再审阶段，天津市人民检察院加强跟踪问效，与人民法院达成共识，开展联合调查，查明周某房屋的登记符合法律规定。考虑到案涉争议历时久远、当事人矛盾尖锐、影响社会稳定，法检将相关行政、民事争议"一揽子"解决，2020 年 12 月 18 日，促成胡某购买其占用的周某的房屋，并就正在审理和执行案件给付使用费达成一致意见，案涉矛盾纠纷得到圆满化解。

【意义】

检察机关通过抗诉监督人民法院关于原告资格的错误认定，厘清辨明当事人实际诉求后，依职权对未申请监督案件提出抗诉。在再审阶段，检察机关加强跟踪问效，凝聚与人民法院的共识，开展联合调查和调解，促使行政争议实质性化解。对存续 10 余年产生近 30 个诉讼的行政、民事争议"一揽子"解决，实现了矛盾纠纷化解和人民群众合法权益保障，维护了社会稳定。

第九章
公益诉讼检察

- -

【学习目标】

掌握公益诉讼检察的概念；

了解公益诉讼检察的内容；

了解公益诉讼检察的手段。

【重点和难点】

了解公益诉讼检察的发展历程及趋势；

了解检察公益诉讼"等外"领域。

【案例导入】

全国首例行政公益诉讼案①

Q 县人民检察院诉 Q 县环境保护局环保行政公益诉讼案

公益诉讼人：Q 县人民检察院

被告：Q 县环境保护局

【案情】

山东 A 化学科技有限公司（以下简称 A 公司）2008 年 8 月开始投产"年产 12 000t 环保型纸用染料项目"，但是没有办理建设项目竣工环境保护验收手续。2011 年、2013 年因违法被被告 Q 县环境保护局作出两次行政处罚，但 A 公司没有履行 2013 年的行政处罚，被告也未申请法院强制执行。在 A 公司造成环境污染且不具备合法生产的条件下，被告分别于 2011 年 2 月 21 日、2012 年 4 月 28 日和 2014 年 12

---

① 中华人民共和国最高人民检察院网上发布厅. 山东省庆云县检察院提起全国首例行政公益诉讼案件 [EB/OL]. (2015-12-21) [2024-09-18]. https://www.spp.gov.cn/xwfbh/wsfbh/201512/t20151221_109678.shtml.

月 3 日先后三次批准其对上述项目进行试生产。2015 年 1 月 13 日，公益诉讼人向被告提出督促其依法正确履职的检察建议后，被告未采取切实有效措施制止其违法生产行为，于 2015 年又两次批准上述项目试生产延期。公益诉讼人遂提起公益诉讼。在诉讼过程中，被告作出《罚款（加处罚款）催缴通知书》，并决定撤销 2014 年 12 月 3 日试生产批复及 2015 年两次延期试生产批复。公益诉讼人认为被告纠正了部分违法行为，使部分诉讼请求提前实现，因此撤回其中对应的三项诉讼请求。故法院仅就公益诉讼人保留的两项诉讼请求进行审理，即：①依法确认被告于 2014 年 12 月 3 日作出批准 A 公司进行年产 12 000t 环保型纸用染料项目试生产申请的庆环字〔2014〕61 号批复违法；②依法确认被告分别于 2015 年 2 月 27 日和 2015 年 6 月 1 日批准 A 公司试生产延期的行政行为违法。现 A 公司已关闭停产。

【裁判】

Q 县人民法院经审理认为，公益诉讼人撤回三项诉讼请求符合法律规定，不损害社会公共利益，依法予以准许。在法定举证期限内，被告没有提交对申请试生产的建设项目环境保护设施及其他环境保护措施的落实情况进行现场检查的证据，也未能提供证据证明 A 公司向有审批权的环境保护行政主管部门提交建设项目环境保护延期验收申请，及环境保护行政主管部门对此予以批准的证据，违反了《建设项目竣工环境保护验收管理办法》第八条第一款、第十条第二款之规定，其 2014 年 12 月 3 日作出批复同意 A 公司年产 12 000t 环保型纸用染料项目投入试生产三个月、2015 年又两次批准试生产延期批复的行政行为主要证据不足，三次被诉行为依法应当撤销。鉴于诉讼期间被告自行撤销了三次被诉批复行为，依照《中华人民共和国行政诉讼法》第七十四条第二款第二项之规定，判决确认上述被诉行政行为违法。

【评析】

本案是全国人大常委会授权检察机关提起公益诉讼试点工作后的全国首例行政公益诉讼案件。本案的受理开拓了对污染环境等损害社会公共利益行为司法救济的新渠道，促使行政机关及时纠错和履行法定职责。作为全新类型的行政诉讼案件，本案严格依照《中华人民共和国行政诉讼法》《人民法院审理人民检察院提起公益诉讼案件试点工作实施办法》规定的程序确定双方当事人及其委托代理人的诉讼地位，明确其诉讼权利义务。裁判中充分考虑了被告自我纠错的实际情况，依法准许公益诉讼人撤回三项诉讼请求，对于改变之前的行政行为确认违法，达到了监督行政机关依法行政和维护社会公共利益之目的。

第一节　公益诉讼检察的概念与内涵

公益诉讼检察负责办理法律规定由检察院办理的破坏生态环境和资源保护、食品药品安全领域侵害众多消费者合法权益等损害社会公共利益的民事公益诉讼案件；办理生态环境和资源保护、食品药品安全、国有财产保护、国有土地使用权出让等领域的行政公益诉讼案件；办理侵害英雄烈士姓名、肖像、名誉、荣誉的公益诉讼案件。

第二节　我国公益诉讼制度的发展历程

20 世纪中后期，随着我国社会主义市场经济体制的不断完善，各类侵犯公共利益的现象日益凸显，如国有资产大规模的流失、日益严重的环境污染现象、以及滥用经济优势垄断价格排挤中小竞争者等。公益诉讼相关制度的建立逐步被提上国际社会和各个国家社会制度的发展日程，由此，公益诉讼制度相关法律规定的出台也迫在眉睫。

2012 年修订的《中华人民共和国民事诉讼法》第五十五条，首次确立了真正意义上的民事公益诉讼制度，对于保护社会公共利益具有历史开创意义。第五十五条规定："对污染环境、侵害众多消费者合法权益等损害社会公共利益的行为，法律规定的机关和有关组织可以向人民法院提起诉讼。"

2013 年修订的《中华人民共和国消费者权益保护法》第四十七条规定，明确了消费者协议是提起消费者权益保护公益诉讼的主体。2014 年修订的《中华人民共和国环境保护法》第五十八条，明确界定了哪些社会组织才能成为提起环境保护公益诉讼的主体。

2015 年 7 月 2 日，最高人民检察院召开新闻发布会，发布《检察机关提起公益诉讼改革试点方案》。最高检新闻发言人肖玮介绍了公益诉讼改革试点的安排，选择北京、内蒙古、吉林、江苏、安徽、福建、山东、湖北、广东、贵州、云南、陕西、甘肃 13 个省、自治区、直辖市的检察院开展改革试点，试点期限为二年。在改革试点进行过程中，最高人民检察院将与最高人民法院共同加强对试点工作的组织指导和监督检查，适时就公益诉讼案件管辖、起诉、审理中涉及的具体问题联合提出解决方案，报全国人民代表大会常务委员会备案，并及时就试点情况向全国人民代表大会常务委员会作出中期报告。试点期满后，对实践证明可行的，适时提请全国人民代表大会常务委员会修改完善有关法律。

2017 年 6 月 27 日，十二届全国人大常委会第二十八次会议表决通过了关于修改民事诉讼法和行政诉讼法的决定，检察机关提起公益诉讼明确写入这两部法律。这标志着我国以立法形式正式确立了检察机关提起公益诉讼制度，其中将《中华人民共和国行政诉讼法》第二十五条增加一款，作为第四款："人民检察院在履行职责中发现生态环境和资源保护、食品药品安全、国有财产保护、国有土地使用权出让等领域负有监督管理职责的行政机关违法行使职权或者不作为，致使国家利益或者社会公共利益受到侵害的，应当向行政机关提出检察建议，督促其依法履行职责。行政机关不依法履行职责的，人民检察院依法向人民法院提起诉讼。"该修改标志着行政公益诉讼制度在我国的初步建立。

第三节　公益诉讼的价值及流程

一、公益诉讼的价值

1. 倒逼行政机关依法行政

检察公益诉讼制度的重要功能在于，通过诉讼方式督促行政机关依法行政、严格公正文明执法，调动法定机关和社会组织参与公益保护的积极性，确保国家利益和社会公共利益得到有效保护。

2. 检察公益诉讼制度是宪法关于民主、监督原则在诉讼领域中的具体体现

公益诉讼，离不开公众参与。检察公益诉讼制度在保护公共利益的同时，为人们参与国家管理、实现民主权利提供了一条新途径，使人民群众通过公益诉讼行使管理国家事务和参与社会治理的权利，并通过这种权利的行使来监督法律和权力的实施，使违法者得到制裁，国家利益、社会利益得到保护。检察公益诉讼制度的确立，健全了国家权力运行制约和监督体系，对于推进法治国家、法治政府、法治社会一体化建设，推进国家治理体系和治理能力现代化具有重要而深远的意义。

二、办案流程

民事公益诉讼和行政公益诉讼办案流程如图 9-1 所示。

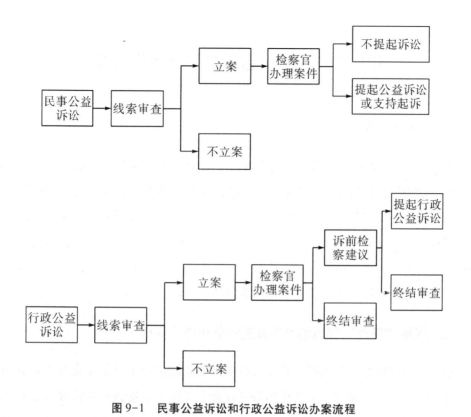

图 9-1　民事公益诉讼和行政公益诉讼办案流程

139

三、公益诉讼一体化办案机制

人民检察院办理公益诉讼案件，实行一体化工作机制，上级人民检察院根据办案需要，可以交办、提办、督办、领办案件。上级人民检察院可以依法统一调用辖区的检察人员办理案件，调用的决定应当以书面形式作出。被调用的检察官可以代表办理案件的人民检察院履行调查、出庭等职责。

上级检察院领导下级检察院工作是检察机关履行职责的基本组织原则。从实践情况看，一体化办案机制符合公益诉讼办案的特点和规律，有利于发挥检察机关上下级领导关系的体制优势，强化上下级检察院、同级检察院以及院内各业务部门之间的协作配合，形成"上下统一、横向协作、内部整合、总体统筹"的工作机制，有利于发挥公益诉讼检察在国家治理体系和治理能力现代化进程中的独特制度优势。实践中，一些地方检察机关成立公益诉讼办案指挥中心，实行统一管理案件线索、统一研判监督策略、统一指定案件管辖、统一调配办案力量、统一指挥办案工作，统筹协调重大工作。

第四节　检察公益诉讼"等外"领域

一、"等外"领域的内涵

2017年6月27日，十二届全国人大常委会第二十八次会议表决通过了关于修改民事诉讼法和行政诉讼法的决定，这两部法律确定的检察公益诉讼案件范围，都有一个"等"字。按照民事诉讼法、行政诉讼法和英雄烈士保护法规定，目前检察机关履行公益诉讼职责的范围是"4+1"，即生态环境和资源保护、食品药品安全、国有财产保护、国有土地使用权出让和英烈权益保护。法条中的"等"，就是除这些法律明确规定的领域之外，其他需要同等保护公共利益的领域。

二、探索"等外"领域的潜在政策指引和法律依据

第一，当前检察机关拓展公益诉讼案件新领域的最根本遵循是党的十九届四中全会《中共中央关于坚持和完善中国特色社会主义制度、推进国家治理体系和治理能力现代化若干重大问题的决定》的明确要求，这是党中央赋予的光荣政治责任和检察使命。第二，民事诉讼法和行政诉讼法对于检察公益诉讼适用范围规定的"等"字，应理解为立法机关在保障检察公益诉讼有序进行的同时，为进一步拓宽公益诉讼范围预留空间。英雄烈士保护法授权检察机关提起英烈保护民事公益诉讼，既充分印证了上述立法原意，也为后续立法完善提供了范例和方法。第三，中央关于安全生产、互联网法院等一系列改革意见，对探索相应的"等外"领域检察公益诉讼亦给出明确指引。第四，截至2019年年底，全国已有11个省级人大常委会作出支持公益诉讼检察工作的专项决定，其中多个决定以地方立法形式授权检察机关对相关新领域探索开展公益诉讼。此外，全国人大常委会和全国政协在审议公益诉讼检察工作专项报告和协同推进公益诉讼检察工作的双周协商会上，都对公益诉讼新领域探索提出了明确要求，指明了具体的方向。《中华人民共和国军人地位和权益保障法》等一系列新颁布的法律也将继续丰富检察机关拓展公益诉讼案件范围的依据。

三、检察机关拓展公益诉讼案件范围应当遵循的原则

一是依法开展原则。关于"等外"领域的探索应当做到成熟一个，立法一个，

在不断实践中，将司法活动的成功经验上升至法律规定。在探索过程中，建议通过人大授权的方式开展检察工作，在有条件、有需求的地区采取试点的方式进行拓展。当前，法律规定的公益诉讼范围与人民群众的司法需求不尽适应，可开展公益诉讼的领域与行政机关、审判机关也尚未形成共识，如能在人大的授权下对优秀历史保护建筑、城市公共安全、个人信息保护等领域进行相关探索，将会取得更好的维护公益治理社会的效果。

二是突出重点原则。应当重点关注党委、政府及社会各界所关切的突出问题，尤其是一些留存已久但一直缺乏综合施策的问题，重点打好解决重点领域损害公益问题持久战。比如，无论何时，公共安全都是人民群众安居乐业的底线。因此，涉及公共安全的领域，就应当花工夫、下力气去拓展，为完善公共安全体系发挥好协同和督促的职能作用。又如，在实现全面小康的关键时期，应当对扶贫工作进行必要的监督，尤其是对于扶贫工作中行政机关可能存在的不作为、乱作为现象加强监督，将实现国家战略作为公益诉讼工作的目标。

三是因地制宜原则。各地应根据本地区实际情况拓展需要保护的重要领域。不同地区省情、市情不同，对于公益诉讼领域的拓展需求也会有所不同，如在自然资源丰富的地区，对于自然资源保护领域的细化提出了更高要求；而在特大型城市，城市安全、社会治理难度相较于其他地区有更大难度，在公益诉讼案件拓展过程中，不应搞"一刀切""一窝蜂"，而应因地制宜、有的放矢地开展有针对性、实效性、人民群众有感受度的公益诉讼工作。

四是积极稳妥原则。积极是指检察机关应当以高度的责任感来工作，在国家治理体系和治理能力现代化过程中发挥积极作用，增强做好公益诉讼检察工作的责任感和使命感。但与此同时，坚持稳妥原则，遵循司法谦抑性规律，以公共利益为核心，不随意外延"公共利益"范围，不能将个人利益或部分群体的利益混同于社会公益，更不能有包揽全局、包打天下的想法。

为坚决贯彻党的十九届四中全会精神，更好满足人民群众对美好生活的向往，最高人民检察院明确将"等外"探索的原则从"稳妥、积极"调整为"积极、稳妥"。具体来讲，即在政治站位上，要有对人民高度负责、勇于担当作为的积极态度；在业务工作和案件办理中，要坚持稳妥慎重的态度，秉持法治和理性的精神，牢牢把握办案的规范性和质效。在具体的标准掌握上，要用足用好现有的法律制度，在现有的法定领域范围内，依然有很大的拓展空间；对于中央政策文件有明确要求的领域，对于地方人大常委会根据当地实际以地方性法规支持探索的领域，应加强与相关部门的沟通协调，积极开展探索实践。对于新领域的拓展探索，要注重做足做实调查取证、研究论证、民意舆情研判等相关工作，积极争取地方党委、人大、政府等各方面和人民群众的支持，努力实现政治效果、社会效果和法律效果的有机统一。在个案探索基础上，推进与相关行政机关形成有关制度机制，与最高人民法院联合出台司法解释，条件成熟的推动入法，争取为新领域探索提供明确法律依据。

【典型案例一】

郧阳区林业局行政公益诉讼案①

（检例第 30 号）

【关键词】

行政公益诉讼 公共利益 依法履行法定职责

【基本案情】

2013 年 3 月至 4 月，金某、吴某、赵某在未经县级林业主管部门同意、未办理林地使用许可手续的情况下，在湖北省十堰市郧阳区杨溪铺镇财神庙村五组、卜家河村一组、杨溪铺村大沟处，相继占用国家和省级生态公益林地 0.28 公顷、0.22 公顷、0.28 公顷开采建筑石料。2013 年 4 月 22 日、4 月 30 日、5 月 2 日，郧阳区林业局对金某、吴某、赵某作出行政处罚决定，责令金某、吴某、赵某停止违法行为，恢复所毁林地原状，分别处以 56 028 元、22 000 元、28 000 元罚款，限期十五日内缴清。金某、吴某、赵某在收到行政处罚决定书后，在法定期限内均未申请行政复议，也未提起行政诉讼，仅分别缴纳罚款 20 000 元、15 000 元、20 000 元，未将被毁公益林地恢复原状。郧阳区林业局在法定期限内既未催告三名行政相对人履行行政处罚决定所确定的义务，也未向人民法院申请强制执行，致使其作出的行政处罚决定未得到全部执行，被毁公益林地未得到及时修复。

【诉前程序】

2015 年 12 月 12 日，郧阳区人民检察院向区林业局发出检察建议，建议区林业局规范执法，认真落实行政处罚决定，采取有效措施，恢复森林植被。区林业局收到检察建议后，在规定期限内既未按检察建议进行整改落实，也未书面回复。

郧阳区人民检察院经调查核实，没有公民、法人和其他社会组织因公益林被毁而提起相关诉讼。

【诉讼过程】

2016 年 2 月 29 日，郧阳区人民检察院以公益诉讼人身份向郧阳区人民法院提

---

① 选自最高人民检察院第八批指导性案例，2016 年 12 月 29 日发布。

起行政公益诉讼，要求法院确认区林业局未依法履行职责违法，并判令其依法继续履行职责。郧阳区人民检察院认为：

一、金某等3人破坏了公益林，损害了社会公共利益。根据国家林业和草原局、国家财政部制定的《国家级公益林区划界定办法》第二条、《湖北省生态公益林管理办法》第二条规定，公益林有提供公益性服务的典型目的，金某等3人非法改变公益林用途，导致公共利益受损。专家意见认为，金某等3人共破坏11.7亩生态公益林，单从森林资源方面已造成对公共生态环境影响。

二、郧阳区林业局怠于履职，行政处罚决定得不到有效执行，国家和社会公共利益持续处于受侵害状态。区林业局对其辖区内的森林资源有管理和监督的职责。针对金某等3人的违法行为，区林业局已对金某等3人处以限期恢复林地原状和罚款的行政处罚决定。作出行政处罚决定后，区林业局还应根据《中华人民共和国行政处罚法》第五十一条规定，对金某等3人逾期未履行生效行政处罚决定的行为，依法采取法律规定的措施督促履行。但区林业局怠于履职，致使行政处罚决定得不到有效执行，被金某等3人非法改变用途的林地未恢复原状，剩余罚款未依法收缴，区林业局也没有对金某等3人加处罚款，导致国家和社会公共利益持续处于受侵害状态。

案件审理过程中，经郧阳区林业局督促，吴某、赵某相继将罚款及加处罚款全部缴清，金某缴纳了全部罚款及部分加处罚款，剩余加处罚款以经济困难为由申请缓缴，区林业局批准了金某缓缴加处罚款的请求。同时，金某等3人均在被毁林地上补栽了苗木。受郧阳区人民法院委托，十堰市林业调查规划设计院对被毁林地当前生态恢复程度及生态恢复所需期限进行了鉴定，鉴定意见为：造林时间、树种、苗木质量、造林密度、造林方式等符合林业造林相关技术要求，在正常管护的情况下修复期限至少需要三年的时间才能达到郁闭度要求。

郧阳区林业局在案件审理期间提交了一套对被毁林地拟定的管护方案。方案中，区林业局明确表示愿意继续履行监督管理职责，采取有效措施进行补救，恢复被毁林地的生态功能，并且成立领导小组，明确责任单位、管护范围、管护措施和相关要求。

【案件结果】

2016年5月5日，郧阳区人民法院作出一审判决：确认郧阳区林业局在对金某、吴某、赵某作出行政处罚决定后，未依法履行后续监督、管理和申请人民法院强制执行法定职责的行为违法；责令区林业局继续履行收缴剩余加处罚款的法定职责；责令区林业局继续履行被毁林地生态修复工作的监督、管理法定职责。

一审宣判后，郧阳区林业局未上诉，判决已发生法律效力。

案件办理期间，十堰市、郧阳区两级党委和政府主要领导表态要积极支持检察机关提起公益诉讼。庭审期间组织了70余名相关行政机关负责人到庭旁听。郧阳区林业局局长当庭就其怠于履职行为鞠躬道歉。

案件宣判后，湖北省林业厅专门向全省林业行政部门下发文件，要求各级林业部门高度重视检察机关监督，引以为戒，认真整改、切实规范林业执法，并在全省范围内开展规范执法自查活动，查找、整改违法作为和不作为的问题。

【要旨】

负有监督管理职责的行政机关对侵害生态环境和资源保护领域的侵权人进行行政处罚后，怠于履行法定职责，既未依法履行后续监督、管理职责，也未申请人民法院强制执行，导致国家和社会公共利益未脱离受侵害状态，经诉前程序后，人民检察院可以向人民法院提起行政公益诉讼。

【指导意义】

（1）检察机关提起公益诉讼的前提是公共利益受到侵害。公共利益可以界定为：由不特定多数主体享有的，具有基本性、整体性和发展性的重大利益。在实践中，判断被侵害的利益是否属于公共利益范畴，可以从以下几个方面来把握：一是公共利益的主体是不特定的多数人。公共利益首先是一种多数人的利益，但又不同于一般的多数人利益，其享有主体具有开放性。二是公共利益具有基本性。公共利益是有关国家和社会共同体及其成员生存和发展的基本利益，如公共安全、公共秩序、自然环境和公民的生命、健康、自由等。三是公共利益具有整体性和层次性。公共利益是一种整体性利益，可以分享，但不可以分割。公共利益不仅有涉及全国范围的存在形式，也有某个地区的存在形式。四是公共利益具有发展性。公共利益始终与社会价值取向联系在一起，会随着时代的发展变化而变化，也会随着不同社会价值观的改变而变动。五是公共利益具有重大性。其涉及不特定多数人，涉及公共政策变动，涉及公权与私权的限度，代表的利益都是重大利益。六是公共利益具有相对性。它受时空条件的影响，在此时此地认定为公共利益的事项，彼时彼地可能应认定为非公共利益。

（2）行政机关没有依法履行法定职责与国家和社会公共利益受到侵害是检察机关提起行政公益诉讼的必要条件。判断负有监督管理职责的行政机关是否依法履职，关键要厘清行政机关的法定职责和行政机关是否依法履职到位；判断国家和社会公共利益是否受侵害，要看违法行政行为造成国家和社会公共利益的实然侵害，发出检察建议后要看国家和社会公共利益是否脱离被侵害状态。

【相关规定】

《中华人民共和国行政处罚法》(2009 年修正) 第五十一条

《中华人民共和国行政强制法》(2011 年 6 月 30 日第十一届全国人民代表大会常务委员会第二十一次会议通过) 第五十条、五十三条

《人民检察院提起公益诉讼试点工作实施办法》(2015 年 12 月 16 日最高人民检察院第十二届检察委员会第四十五次会议通过) 第二十八条

【典型案例二】

曾某侵害英烈名誉案①

(检例第 51 号)

【关键词】

民事公益诉讼　英烈名誉　社会公共利益

【要旨】

对侵害英雄烈士的姓名、肖像、名誉、荣誉，损害社会公共利益的行为人，英雄烈士近亲属不提起民事诉讼的，检察机关可以依法向人民法院提起公益诉讼，要求侵权人承担侵权责任。

【基本案情】

2018 年 5 月 12 日下午，江苏省淮安市消防支队水上大队城南中队副班长谢某在实施灭火救援行动中不幸牺牲。5 月 13 日，公安部批准谢某同志为烈士并颁发献身国防金质纪念章；5 月 14 日，中共江苏省公安厅委员会追认谢某同志为中国共产党党员，追记一等功；淮安市人民政府追授谢某同志"灭火救援勇士"荣誉称号。

2018 年 5 月 14 日，曾某因就职受挫、生活不顺等原因，饮酒后看到其他网友发表悼念谢某烈士的消息，为发泄自己的不满，在微信群公开发表一系列侮辱性言论，歪曲谢某烈士英勇牺牲的事实。该微信群共有成员 131 人，多人阅看了曾某的言论，有多人转发。曾某歪曲事实、侮辱英雄烈士的行为，侵害了烈士的名誉，造成了较为恶劣的社会影响。

【诉前程序】

2018 年 5 月 17 日，江苏省淮安市人民检察院以侵害英雄烈士名誉对曾某作出立案决定。

检察机关围绕曾某是否应当承担侵害英烈名誉的责任开展调查取证。经调查核

---

① 选自最高人民检察院第十三批指导性案例，2018 年 12 月 21 日发布。

实，曾某主观上明知其行为可能造成侵害烈士名誉的后果，客观上实施了侵害烈士名誉的违法行为，在社会上产生较大负面影响，损害了社会公共利益。

检察机关依法履行民事公益诉讼诉前程序，指派检察官赴谢某烈士家乡湖南衡阳，就是否对曾某侵害烈士名誉的行为提起民事诉讼当面征求了谢某烈士父母、祖父母及其弟的意见（谢某烈士的外祖父母均已去世）。烈士近亲属声明不提起民事诉讼，并签署支持检察机关追究曾某侵权责任的书面意见。

【诉讼过程】

2018 年 5 月 21 日，淮安市人民检察院就曾某侵害谢某烈士名誉案向淮安市中级人民法院提起民事公益诉讼。6 月 12 日，淮安市中级人民法院公开开庭审理本案。

（一）法庭调查

淮安市人民检察院派员以公益诉讼起诉人的身份出庭，并宣读起诉书，认为曾某发表的侮辱性语言和不实言论侵害了谢某烈士的名誉，损害了社会公共利益。

公益诉讼起诉人出示了相关证据材料：一是批准谢某同志烈士称号的批文、追授谢某同志"灭火救援勇士"荣誉称号的文件等，证明谢某同志被批准为英雄烈士和被授予荣誉称号。二是曾某微信群的聊天记录截图、证人证言等，证明曾某实施侵害谢某烈士名誉的行为，损害社会公共利益。三是检察机关向谢某烈士近亲属发出的征求意见函、谢某烈士近亲属出具的书面声明等，证明检察机关履行了诉前程序。

曾某表示对检察机关起诉书载明的事实和理由没有异议。

（二）法庭辩论

公益诉讼起诉人发表出庭意见：

一是曾某公开发表侮辱性言论，歪曲英雄被追认为烈士的相关事实，侵害了谢某烈士的名誉。证据充分证明曾某发表的不当言论被众多网友知晓并转发，在社会上产生了负面影响，侵害了谢某烈士的名誉。

二是曾某的行为损害了社会公共利益。英雄事迹是社会主义核心价值观和民族精神的体现。曾某的行为置社会主义核心价值观于不顾，严重损害了社会公共利益。

三是检察机关依法提起民事公益诉讼，意义重大。检察机关对侵害英烈名誉的行为提起公益诉讼，旨在对全社会起到警示教育作用，形成崇尚英雄、学习英雄、传承英雄精神的社会风尚。

曾某承认在微信群发表不当言论对烈士亲属造成了伤害，愿意通过媒体公开赔礼道歉，并当庭宣读了道歉信。

（三）审理结果

2018 年 6 月 12 日，淮安市中级人民法院经审理，认定曾某的行为侵害了谢某烈士名誉并损害了社会公共利益，当庭作出判决，判令曾某在判决生效之日起七日内在本地市级报纸上公开赔礼道歉。

一审宣判后，曾某当庭表示不上诉并愿意积极履行判决确定的义务。2018年6月16日，曾某在《淮安日报》公开刊登道歉信，消除因其不当言论造成的不良社会影响。

【指导意义】

《中华人民共和国英雄烈士保护法》第二十五条规定："英雄烈士没有近亲属或者近亲属不提起诉讼的，检察机关依法对侵害英雄烈士的姓名、肖像、名誉、荣誉，损害社会公共利益的行为向人民法院提起诉讼。"英雄烈士的形象是民族精神的体现，是引领社会风尚的标杆。英雄烈士的姓名、肖像、名誉和荣誉等不仅属于英雄烈士本人及其近亲属，更是社会正义的重要组成内容，承载着社会主义核心价值观，具有社会公益性质。侵害英雄烈士名誉就是对公共利益的损害。对于侵害英雄烈士名誉的行为，英雄烈士没有近亲属或者近亲属不提起诉讼时，检察机关应依法提起公益诉讼，捍卫社会公共利益。

检察机关履行这类公益诉讼职责，要在提起诉讼前确认英雄烈士是否有近亲属以及其近亲属是否提起诉讼，区分情况处理。对于英雄烈士有近亲属的，检察机关应当当面征询英雄烈士近亲属是否提起诉讼；对于英雄烈士没有近亲属或者近亲属下落不明的，检察机关可以通过公告的方式履行告知程序。

检察机关办理该类案件，除围绕侵权责任构成要件收集、固定证据外，还要就侵权行为是否损害社会公共利益这一结果要件进行调查取证。对于在微信群内发表侮辱、诽谤英雄烈士言论的行为，要重点收集微信群成员数量、微信群组的私密性、进群验证方式、不当言论被阅读数、转发量等方面的证据，证明侵权行为产生的不良社会影响及其严重性。检察机关在决定是否提起公益诉讼时，还应当考虑行为人的主观过错程度、社会公共利益受损程度等，充分履行职责，实现政治效果、社会效果和法律效果的有机统一。

【相关规定】

《中华人民共和国英雄烈士保护法》第二十二条、第二十五条、第二十六条

《中华人民共和国民法总则》第一百八十五条

《中华人民共和国民法典》第一百八十五条

《中华人民共和国民事诉讼法》第五十五条第二款

《最高人民法院、最高人民检察院关于检察公益诉讼案件适用法律若干问题的解释》第五条

第十章
未成年人检察

- -

【学习目标】

掌握未成年人检察的概念；

了解未成年人检察的办案流程；

了解未成年人刑事司法政策。

【重点和难点】

了解强制报告制度；

了解入职查询制度；

了解一号检察建议。

【案例导入】

骆某猥亵儿童案①
（检例第 43 号）

【关键词】

猥亵儿童罪　网络猥亵　犯罪既遂

【基本案情】

被告人骆某，男，1993 年 7 月出生，无业。

2017 年 1 月，被告人骆某使用化名，通过 QQ 软件将 13 岁女童小羽加为好友。聊天中得知小羽系初二学生后，骆某仍通过言语恐吓，向其索要裸照。在被害人拒绝并在 QQ 好友中将其删除后，骆某又通过小羽的校友周某对其施加压力，再次将

---

① 选自最高人民检察院第十一批指导性案例，2018 年 11 月 9 日发布。

小羽加为好友。同时骆某还虚构"李某"的身份，注册另一QQ号并添加小羽为好友。之后，骆某利用"李某"的身份在QQ聊天中对小羽进行威胁恐吓，同时利用周某继续施压。小羽被迫按照要求自拍裸照十张，通过QQ软件传送给骆某观看。后骆某又以在网络上公布小羽裸照相威胁，要求与其见面并在宾馆开房，企图实施猥亵行为。因小羽向公安机关报案，骆某在依约前往宾馆途中被抓获。

【裁判要旨】

行为人以满足性刺激为目的，以诱骗、强迫或者其他方法要求儿童拍摄裸体、敏感部位照片、视频等供其观看，严重侵害儿童人格尊严和心理健康的，构成猥亵儿童罪。

【指控与证明犯罪】

（一）提起、支持公诉和一审判决情况

2017年6月5日，某市某区人民检察院以骆某犯猥亵儿童罪对其提起公诉。7月20日，该区人民法院依法不公开开庭审理本案。

法庭调查阶段，公诉人出示了指控犯罪的证据：被害人陈述、证人证言及被告人供述，证明骆某对小羽实施了威胁恐吓，强迫其自拍裸照的行为；QQ聊天记录截图、小羽自拍裸体照片、身份信息等，证明骆某明知小羽系儿童及强迫其拍摄裸照的事实等。

法庭辩论阶段，公诉人发表公诉意见：被告人骆某为满足性刺激，通过网络对不满14周岁的女童进行威胁恐吓，强迫被害人按照要求的动作、姿势拍摄裸照供其观看，并以公布裸照相威胁欲进一步实施猥亵，犯罪事实清楚，证据确实、充分，应当以猥亵儿童罪对其定罪处罚。

辩护人对指控的罪名无异议，但提出以下辩护意见：一是认定被告人明知被害人未满14周岁的证据不足。二是认定被告人利用小羽的校友周某对小羽施压、威胁并获取裸照的证据不足。三是被告人猥亵儿童的行为未得逞，系犯罪未遂。四是被告人归案后如实供述，认罪态度较好，可酌情从轻处罚。

针对辩护意见，公诉人答辩：一是被告人骆某供述在QQ聊天中已知小羽系初二学生，可能不满14周岁，看过其生活照、小视频，了解其身体发育状况，通过周某了解过小羽的基本信息，证明被告人骆某应当知道小羽系未满14周岁的幼女。二是证人周某二次证言均证实其被迫帮助骆某威胁小羽，能够与被害人陈述、被告人供述相互印证，同时有相关聊天记录等予以印证，足以认定被告人骆某通过周某对小羽施压、威胁的事实。三是被告人骆某前后实施两类猥亵儿童的行为，构成猥亵儿童罪：①骆某强迫小羽自拍裸照通过网络传输供其观看。该行为虽未直接接触被害人，但实质上已使儿童人格尊严和心理健康受到严重侵害。骆某已获得裸照并观看，应认定为犯罪既遂。②骆某利用公开裸照威胁小羽，要求与其见面在宾馆开房，并供述意欲实施猥亵行为。因小羽报案，该猥亵行为未及实施，应认定为犯罪未遂。

一审判决情况：法庭经审理，认定被告人骆某强迫被害女童拍摄裸照，并通过QQ软件获得裸照的行为不构成猥亵儿童罪。但被告人骆某以公开裸照相威胁，要求与被害女童见面，准备对其实施猥亵，因被害人报案未能得逞，该行为构成猥亵儿童罪，系犯罪未遂。2017年8月14日，某区人民法院作出一审判决，认定被告人骆某犯猥亵儿童罪（未遂），判处有期徒刑一年。

（二）抗诉及终审判决情况

一审宣判后，某区人民检察院认为，一审判决在事实认定、法律适用上均存在错误，并导致量刑偏轻。被告人骆某利用网络强迫儿童拍摄裸照并观看的行为构成猥亵儿童罪，且犯罪形态为犯罪既遂。2017年8月18日，该院向某市中级人民法院提出抗诉。某市人民检察院经依法审查，支持某区人民检察院的抗诉意见。

2017年11月15日，某市中级人民法院开庭审理本案。某市人民检察院指派检察员出庭支持抗诉。检察员认为：①关于本案的定性。一审判决认定骆某强迫被害人拍摄裸照并传输观看的行为不是猥亵行为，系对猥亵儿童罪犯罪本质的错误理解。一审判决未从猥亵儿童罪侵害儿童人格尊严和心理健康的实质要件进行判断，导致法律适用错误。②关于本案的犯罪形态。骆某获得并观看了儿童裸照，猥亵行为已经实施终了，应认定为犯罪既遂。③关于本案量刑情节。根据《最高人民法院、最高人民检察院、公安部、司法部关于依法惩治性侵害未成年人犯罪的意见》第二十五条的规定，采取胁迫手段猥亵儿童的，依法从严惩处。一审判决除法律适用错误外，还遗漏了应当从重处罚的情节，导致量刑偏轻。

原审被告人骆某的辩护人认为，骆某与被害人没有身体接触，该行为不构成猥亵儿童罪。检察机关的抗诉意见不能成立，请求二审法院维持原判。

某市中级人民法院经审理，认为原审被告人骆某以寻求性刺激为目的，通过网络聊天对不满14周岁的女童进行言语威胁，强迫被害人按照要求自拍裸照供其观看，已构成猥亵儿童罪（既遂），依法应当从重处罚。对于市人民检察院的抗诉意见，予以采纳。2017年12月11日，某市中级人民法院作出终审判决，认定原审被告人骆某犯猥亵儿童罪，判处有期徒刑二年。

【指导意义】

猥亵儿童罪是指以淫秽下流的手段猥亵不满14周岁儿童的行为。刑法没有对猥亵儿童的具体方式作出列举，需要根据实际情况进行判断和认定。实践中，只要行为人主观上以满足性刺激为目的，客观上实施了猥亵儿童的行为，侵害了特定儿童人格尊严和身心健康的，应当认定构成猥亵儿童罪。

网络环境下，以满足性刺激为目的，虽未直接与被害儿童进行身体接触，但是通过 QQ、微信等网络软件，以诱骗、强迫或者其他方法要求儿童拍摄、传送暴露身体的不雅照片、视频，行为人通过画面看到被害儿童裸体、敏感部位的，是对儿童人格尊严和心理健康的严重侵害，与实际接触儿童身体的猥亵行为具有相同的社会危害性，应当认定构成猥亵儿童罪。

检察机关办理利用网络对儿童实施猥亵行为的案件，要及时固定电子数据，证明行为人出于满足性刺激的目的，利用网络，采取诱骗、强迫或者其他方法要求被害人拍摄、传送暴露身体的不雅照片、视频供其观看的事实。要准确把握猥亵儿童罪的本质特征，全面收集客观证据，证明行为人通过网络不接触被害儿童身体的猥亵行为，具有与直接接触被害儿童身体的猥亵行为相同的性质和社会危害性。

【相关规定】

《中华人民共和国刑法》第二百三十七条

《最高人民法院、最高人民检察院、公安部、司法部关于依法惩治性侵害未成年人犯罪的意见》第二条、第十九条、第二十五条

第一节　未成年人检察的概念与内涵

未成年人检察的工作内容包括：负责办理未成年人涉嫌犯罪案件及侵害未成年人权益案件的审查逮捕、审查起诉、出庭公诉、抗诉等；涉及未成年人案件的诉讼监督，包括对公安立案、侦查活动及法院审判活动的监督，刑事案件执行监督（主要是对未成年犯刑罚执行活动的监督、未成年人社区矫正工作监督等），以及涉及未成年人的民事、行政案件监督、涉未公益诉讼等；此外还包括参与社会综合治理，开展预防未成年人犯罪、感化、挽救涉罪未成年人等相关性工作。

未成年人刑事司法政策：

【教育挽救】人民检察院办理未成年人刑事案件要切实贯彻"教育、感化、挽救"方针和"教育为主、惩罚为辅"原则，落实好刑事诉讼法规定的特殊制度、程序和要求。坚持教育和保护优先，为涉罪未成年人重返社会创造机会，最大限度地减少羁押措施、刑罚尤其是监禁刑的适用。

【诉讼权利保障】人民检察院应当充分保障未成年人行使其诉讼权利，保证未成年人得到充分的法律帮助。

【区别对待】人民检察院办理未成年人刑事案件，应当区别于成年人，充分考虑未成年人的身心特点、认知水平，在事实认定、证据采信、罪与非罪、此罪与彼罪、情节把握等方面，提出有针对性的意见。

【分案处理】人民检察院办理未成年人与成年人共同犯罪案件时，一般应当将未成年人与成年人分案处理。不宜分案处理的，应当对未成年人采取特殊保护措施。对于被拘留、逮捕和被执行刑罚的未成年人，应当监督相关机关落实与成年人分别关押、分别管理、分别教育的规定。

【隐私保护】人民检察院应当依法保护涉案未成年人的名誉、隐私和个人信息，尊重其人格尊严，不得公开或者传播能够单独或者与其他信息结合识别未成年人个人身份的各种信息，包括姓名、出生日期、身份证号码、个人生物识别信息、住址、电话号码、照片、相关图像等。

【双向保护】人民检察院办理未成年人刑事案件，既要注重保护涉罪未成年人的合法权益，也要注重维护社会利益，积极化解矛盾，使被害人得到平等保护，尤其要注重对未成年被害人的权益维护和帮扶救助。

第二节　未成年人检察办案流程

未成年人检察办案流程如图 10-1、图 10-2 所示。

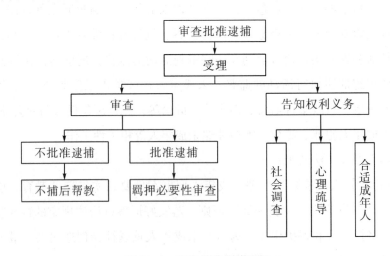

图 10-1　审查批准逮捕流程

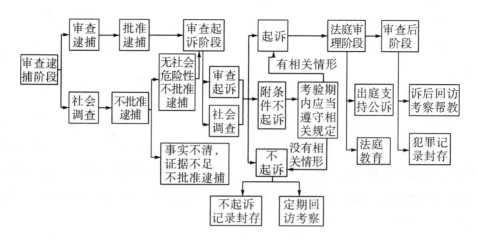

图 10-2　审查逮捕流程

未成年人犯罪案件流程解释：

1. 审查逮捕

（1）严格限制适用逮捕措施；

（2）讯问未成年犯罪嫌疑人，法定代理人或合适成年人到场；

（3）听取辩护律师意见。

2. 社会调查

根据情况可以对未成年犯罪嫌疑人的成长经历、犯罪原因、监护教育等情况进行调查。

3. 批准逮捕

对有证据证明有犯罪事实，可能判处徒刑以上刑罚的未成年犯罪嫌疑人，采取取保候审尚不足以杜绝其社会危险性的，应当予以逮捕。

4. 无社会危险性不批准逮捕

根据未成年犯罪嫌疑人涉嫌犯罪的事实、主观恶性、有无监护条件或者社会帮教措施等，综合衡量其社会危险性，严格限制适用逮捕措施。

5. 审查起诉

（1）法律援助：未成年犯罪嫌疑人及其法定代理人没有委托辩护人的，应当通知法律援助机构指派律师为其提供辩护；

（2）分管管理：对被拘留、逮捕和执行刑罚的未成年人与成年人应当分别关押、分别管理、分别教育；

（3）合适成年人到场：讯问未成年犯罪嫌疑人的时候，应当通知未成年犯罪嫌疑人的法定代理人到场，法定代理人无法到场的，可以通知其他合适的成年人到场。

153

6. 起诉

犯罪事实已经查清，证据确实、充分，依法应当追究刑事责任的，应当做出起诉决定。

7. 不起诉

犯罪嫌疑人没有犯罪事实，或者按照《中华人民共和国刑事诉讼法》第十五条的规定不追究刑事责任的；犯罪情节轻微，依照刑法规定不需要判处刑罚或者免除刑罚的；经过二处补充侦查仍然证据不足，不符合起诉条件的；被附条件不起诉的未成年犯罪嫌疑人，考验期内没有相关情形的；考验期满，检察机关依法作出不起诉决定。

8. 附条件不起诉

对于未成年人涉嫌侵犯公民人身权利、民主权利、财产权利、妨害社会管理秩序，可能判处一年有期徒刑以下刑罚，符合起诉条件，但有悔罪表现的，人民检察院可以作出附条件不起诉的决定。

9. 被附条件不起诉的未成年犯罪嫌疑人，考验期限为六个月以上一年以下，在考验期内应当遵守以下规定：

（1）遵守法律法规，服从监督；

（2）按照检察机关的规定报告自己的活动情况；

（3）离开所居住的市、县或者迁居，应当报经考察机关批准；

（4）按照检察机关的要求接受矫正和教育。

10. 被附条件不起诉的未成年犯罪嫌疑人，在考验期内有下列情形之一的，人民检察院应当撤销附条件不起诉的决定，提起公诉：

（1）实施新的犯罪或者发现决定附条件不起诉以前还有其他犯罪需要追诉的；

（2）违反治安管理规定或者检察机关有关附条件不起诉的监督管理规定，情节严重的；

被附条件不起诉的未成年犯罪嫌疑人，在考验期内没有上述情形，考验期满的，人民检察院应当作出不起诉的决定。

11. 犯罪记录封存

犯罪的时候不满十八周岁，被判处五年有期徒刑以下刑罚的，应当对相关犯罪记录予以封存。

第三节　未成年人检察相关制度规定

【法律援助】

人民检察院在办案中应当保障涉罪未成年人得到法律援助，涉罪未成年人没有委托辩护人的，人民检察院应当通知法律援助机构指派律师为其提供辩护，并认真听取律师关于无罪、罪轻或者无批捕、起诉必要的意见。同时人民检察院要监督公安机关、人民法院保障未成年人得到法律援助。

未成年被害人及其法定代理人因经济困难或者其他原因没有委托诉讼代理人的，人民检察院应当帮助其申请法律援助。

【法定代理人、合适成年人到场】

检察官对未成年人进行讯（询）问的时候，应当通知未成年人的法定代理人到场。法定代理人不能到场的，可以通知未成年人的其他成年亲属，所在学校、单位、居住地基层组织或者未成年人保护组织的代表到场。

【亲情会见】

在审查起诉环节，对于符合法定条件的案件，可以安排在押未成年犯罪嫌疑人与其法定代理人、近亲属等会见，进行亲情感化。

【心理测评与心理疏导】

人民检察院根据需要可以对涉罪未成年人（包括未达法定刑事责任年龄而不负刑事责任的未成年人）、未成年被害人、未成年证人（特别是目睹暴力者）进行心理疏导。必要时，经未成年人及其法定代理人同意，可以对未成年人进行心理测评。心理测评应当由具有心理咨询师资质的检察人员或者委托具有执业资质的心理咨询师进行。

对于遭受性侵害的未成年被害人，人民检察院尤其应当做好心理安抚、疏导工作。

对于在工作中发现未成年人有自杀、自残倾向或者相关行为表现的，人民检察院应当及时指派或者委托具有专业知识的人员进行心理危机干预。

【刑事和解】

对于符合法定条件的涉及未成年人的犯罪案件，要积极引导双方达成刑事和解。对于达成刑事和解的未成年犯罪嫌疑人，可以从轻从宽处罚。

【社会调查】

人民检察院要进一步加强对涉罪未成年人的逮捕必要性证据、社会调查报告等材料的审查。公安机关没有收集移送上述材料的，应当要求其收集移送。

人民检察院也可以根据情况，自行或者委托有关部门、社会组织进行社会调查，并制作社会调查报告。人民检察院要综合未成年犯罪嫌疑人性格特点、家庭情况、社会交往、成长经历、犯罪原因、犯罪后态度、帮教条件等因素，考量逮捕、起诉的必要性，依法慎重作出决定，并以此作为帮教的参考和依据。

【附条件不起诉】

人民检察院对于已经触犯刑法、应当受到刑事处罚的涉罪未成年人，综合考虑其犯罪性质、社会危害性、犯罪后表现以及年龄、处境等因素，认为不立即追究刑事责任符合公共利益的，对其规定一定期限并附加履行义务，视其履行情况决定是否提起公诉。

【量刑建议】

人民检察院对提起公诉的未成年人刑事案件，可以综合衡量犯罪事实、情节和未成年被告人的具体情况，依法提出量刑建议。

【犯罪记录封存】

对于犯罪时不满十八周岁，被判处五年有期徒刑以下刑罚以及免除刑事处罚的未成年人的犯罪记录，人民检察院应当在收到人民法院生效判决后，对犯罪记录予以封存，帮助其顺利回归社会。

犯罪记录被封存的未成年人在入学、入伍、就业时，免除报告自己曾受过刑事处罚的义务。

【被害人救助】

人民检察院应当充分维护未成年被害人的合法权益，协调相关部门，综合运用司法救助、心理救助、社会救助等多种方式和手段，帮助其健康成长。

第四节　未成年人保护相关制度

一、一号检察建议①

2018 年 10 月 19 日，最高人民检察院针对儿童和学生法治教育、预防性侵害教

---

① 参考中华人民共和国最高人民检察院发布的一号检察建议。

育缺位等问题向教育部发出检察建议，这是最高人民检察院首次直接向国务院组成部门发送检察建议，也是最高人民检察院首次发出的社会治理创新方面的检察建议书，编号为一号，故称为"一号检察建议"。其核心内容为：建议进一步健全完善预防性侵害的制度机制；加强对校园预防性侵害相关制度落实情况的监督检查；依法严肃处理有关违法违纪人员等。

为何此次检察建议冠名为"一号"呢？据最高人民检察院第九检察厅相关工作人员告诉记者，"一号"的背后有两方面深意。一方面，过去最高人民检察院都是对办案机关提出检察建议，向有关主管部门发送检察建议，但这次是最高人民检察院直接向国务院组成部门发送检察建议，当属首次。另一方面，这也是首次最高人民检察院发出的社会治理创新方面的检察建议书，编号为一号，故称为"一号检察建议"。

那么，教育部在收到这份"历史首次"的检察建议书后，是如何回应的呢？

2018年12月，教育部迅速发出了《教育部办公厅关于进一步加强中小学（幼儿园）预防性侵害学生工作的通知》，要求各地教育行政部门和学校要切实从性侵害学生案件中吸取教训，进一步加强预防性侵安全教育、教职员工队伍管理、安全管理规定落实、预防性侵协同机制构建、学校安全督导检查等工作。

教育部于2018年12月29日，向最高人民检察院来函回复。函件中表示，教育部党组收到"一号检察建议"后高度重视，时任教育部部长陈宝生亲自部署贯彻落实工作，成立由有关司局组成的工作小组，对检察建议书进行认真学习和研究，形成下一步工作方案，并迅速启动有关工作。

二、强制报告制度

为了有效预防侵害未成年人犯罪，加强未成年人保护制度建设，构建社会综合预防保护体系，最高人民检察院、国家监察委员会、教育部、公安部等九部门联合印发了《关于建立侵害未成年人案件强制报告制度的意见（试行）》。这一制度的建立，标志着我国对未成年人不受非法侵害的全面、综合司法保护进入了新阶段。

侵害未成年人案件强制报告，是指国家机关、法律法规授权行使公权力的各类组织及法律规定的公职人员，密切接触未成年人行业的各类组织及其从业人员，在工作中发现未成年人遭受或者疑似遭受不法侵害以及面临不法侵害危险的，应当立即向公安机关报案或举报。

1. 谁来报告？

（1）国家机关、法律法规授权行使公权力的各类组织及法律规定的公职人员；

157

（2）密切接触未成年人行业的各类组织及其从业人员。密切接触未成年人行业的各类组织，是指依法对未成年人负有教育、看护、医疗、救助、监护等特殊职责，或者虽不负有特殊职责但具有密切接触未成年人条件的企事业单位、基层群众自治组织、社会组织。主要包括：居（村）民委员会；中小学校、幼儿园、校外培训机构、未成年人校外活动场所等教育机构及校车服务提供者；托儿所等托育服务机构；医院、妇幼保健院、急救中心、诊所等医疗机构；儿童福利机构、救助管理机构、未成年人救助保护机构、社会工作服务机构；旅店、宾馆等。

2. 什么情况需要报告？

（1）未成年人的生殖器官或隐私部位遭受或疑似遭受非正常损伤的；

（2）不满十四周岁的女性未成年人遭受或疑似遭受性侵害、怀孕、流产的；

（3）十四周岁以上女性未成年人遭受或疑似遭受性侵害所致怀孕、流产的；

（4）未成年人身体存在多处损伤、严重营养不良、意识不清，存在或疑似存在受到家庭暴力、欺凌、虐待、殴打或者被人麻醉等情形的；

（5）未成年人因自杀、自残、工伤、中毒、被人麻醉、殴打等非正常原因导致伤残、死亡情形的；

（6）未成年人被遗弃或长期处于无人照料状态的；

（7）发现未成年人来源不明、失踪或者被拐卖、收买的；

（8）发现未成年人被组织乞讨的；

（9）其他严重侵害未成年人身心健康的情形或未成年人正在面临不法侵害危险的。

3. 向谁报告？

向公安机关报案或举报，并按照主管行政机关要求报告备案。

4. 谁来监督？

负有报告义务的单位及其工作人员未履行报告职责，造成严重后果的，由其主管行政机关或者本单位依法对直接负责的主管人员或者其他直接责任人员给予相应处分；构成犯罪的，依法追究刑事责任。相关单位或者单位主管人员阻止工作人员报告的，予以从重处罚。

对于行使公权力的公职人员长期不重视强制报告工作，不按规定落实强制报告制度要求的，根据其情节、后果等情况，监察委员会应当依法对相关单位和失职失责人员进行问责，对涉嫌职务违法犯罪的依法调查处理。

三、入职查询制度

持续推进"一号检察建议"落实以来，各地检察机关不断强化未成年人保护综合治理，创新有效预防性侵未成年人的犯罪的工作方法，推动建立性侵违法犯罪人员从业禁止、校园性侵强制报告制度等制度入法。2020 年，最高检联合教育部、公安部发布了《关于建立教职员工准入查询性侵违法犯罪信息制度的意见》，建立了国家层面的入职查询制度，为未成年人筑起了一道实实在在的"保护墙"。

入职查询制度指的是中小学校、幼儿园新招录教职员工前，教师资格认定机构在授予申请人教师资格前，应当进行性侵违法犯罪信息查询，对具有性侵违法犯罪记录的人员，不予录用或者不予认定教师资格。

（一）查询范围

（1）强奸、强制猥亵、猥亵儿童犯罪被作出有罪判决的人员信息，以及因上述犯罪被检察院作出相对不起诉决定的人员信息；

（2）因猥亵行为被行政处罚的人员信息。

（二）应被查询人员

（1）中小学校（含中等职业教育和特殊教育学校）、幼儿园新招录教师、行政人员、勤杂人员、安保人员等在校园内工作的教职员工。

（2）申请认定教师资格人员。

（3）在职教职员工。

注意：高校和面向未成年人的校外培训机构的教职员工、工作人员参照《入职查询意见》执行。

（三）查询的责任主体

（1）地方教育行政部门主管本行政区内的教职员工准入查询。

（2）根据属地化管理原则，县级及以上教育行政部门根据拟聘人员和在职教职员工的授权，对其性侵违法犯罪信息进行查询。

（3）对教师资格申请人员的查询，由受理申请的教师资格认定机构组织开展。

（四）不得录用情形

（1）对经查询发现有性侵违法犯罪信息的，教育行政部门或学校不得录用。

（2）在职教职员工经查询发现有性侵违法犯罪信息的，应当立即停止其工作，按照规定及时解除聘用合同。

（3）教师资格申请人员经查询发现有性侵违法犯罪信息的，应当不予认定。已经认定的按照法律法规和国家有关规定处理。

（五）责令改正追究责任

（1）地方教育行政部门未对教职员工性侵违法犯罪信息进行查询，或者经查询有相关违法犯罪信息，地方教育行政部门或学校仍予以录用的，由上级教育行政部门责令改正，并追究相关教育行政部门和学校相关人员责任。

（2）教师资格认定机构未对申请教师资格人员性侵违法犯罪信息进行查询，或者未依法依规对经查询有相关违法犯罪信息的人员予以处理的，由上级教育行政部门予以纠正，并报主管部门依法依规追究相关人员责任。

（六）不得散布

有关单位和个人应当严格按照规定的程序和内容开展查询，并对查询获悉的有关性侵违法犯罪信息保密，不得散布或者用于其他用途。违反规定的，依法追究相应责任。

（七）申请复查

被查询人对查询结果有异议的，可以向其授权的教育行政部门提出复查申请，由教育行政部门通过信息查询平台提交申请，由教育部统一提请公安部复查。

（八）督促监护令

近年来，最高检党组高度重视未成年人检察工作，反复强调要持续推动"一号检察建议"落实工作。从司法实践来看，监护人长期监护缺失或监管不力，是导致各类涉案未成年人违法犯罪的重要原因之一，而在现行制度框架下，对于督促监护人履行监护职责缺乏刚性、有效的保障措施。2019年以来，检察机关针对办理涉罪未成年人案件中发现的家庭监护缺失问题，积极探索向监护人发出"督促监护令"的工作机制，要求监护人深刻反思在履行监护职责过程中存在的长期教育监管不到位、不重视子女学习交友情况等问题，在附条件不起诉考察过程中，应积极配合检察机关、司法社工、帮教基地共同做好孩子教育挽救工作，定期参加检察机关组织的亲职教育，督促孩子定期参加检察机关、司法社工提供的法律教育与个性化帮扶活动，认真学习有关法律知识，协助司法机关做好帮教工作。在送达方式上，采取公示宣告方式，邀请学校、社区、社工组织以及人大代表、政协委员等各方共同见证和参与，取得较好社会效果和法律效果。目前，"督促监护令"制度在检察实践中运作逐渐成熟，为督促监护人更有效地履行监护职责提供了刚性保障和司法监督。

【典型案例】

阻断性侵犯罪未成年被害人感染艾滋病风险
综合司法保护案①

（检例第 172 号）

【关键词】

奸淫幼女　情节恶劣　认罪认罚　艾滋病暴露后预防　检察建议

【要旨】

检察机关办理性侵害未成年人案件，在受邀介入侦查时，应当及时协同做好取证和未成年被害人保护救助工作。对于遭受艾滋病病人或感染者性侵的未成年被害人，应当立即开展艾滋病暴露后预防并进行心理干预、司法救助，最大限度降低犯罪给其造成的危害后果和长期影响。行为人明知自己系艾滋病病人或感染者，奸淫幼女，造成艾滋病传播重大现实风险的，应当认定为奸淫幼女"情节恶劣"。对于犯罪情节恶劣，社会危害严重，主观恶性大的成年人性侵害未成年人案件，即使认罪认罚也不足以从宽处罚的，依法不予从宽。发现类案风险和社会治理漏洞，应当积极推动风险防控和相关领域制度完善。

【基本案情】

被告人王某某，男，1996 年 8 月出生，2016 年 6 月因犯盗窃罪被刑事拘留，入所体检时确诊为艾滋病病毒感染者，同年 10 月被依法判处有期徒刑 6 个月。2017 年 10 月确诊为艾滋病病人，但王某某一直未按县疾病预防控制中心要求接受艾滋病抗病毒治疗。

被告人王某某与被害人林某某（女，案发时 13 周岁）于案发前一周在奶茶店相识，被害人告诉王某某自己在某中学初一就读，其父母均在外务工，自己跟随奶奶生活。2020 年 8 月 25 日晚，被告人王某某和朋友曹某某、被害人林某某在奶茶店玩时，王某某提出到林某某家里拿酒喝。21 时许，王某某骑摩托车搭乘林某某、曹某某一同前往林某某家，到达林某某所住小区后曹某某有事离开。王某某进入林某某家后产生奸淫之意，明知林某某为初一学生，以扇耳光等暴力手段，强行与林某某发生性关系。当晚林某某报警。次日下午，王某某被抓获归案，但未主动向公安机关供述自己系艾滋病病人的事实。

【检察机关履职过程】

开展保护救助。2020 年，四川省某县人民检察院与各镇（街道）政法委员和村

① 选自最高人民检察院第四十三批指导性案例，2023 年 2 月 24 日发布。

（社区）治保委员建立了应急处置、线索收集、协作协同等涉未成年人保护联动机制。2020年8月26日上午，县公安局向县检察院通报有留守儿童在8月25日晚被性侵，县检察院通过联动机制获知该犯罪嫌疑人已被确诊艾滋病。县检察院受邀介入侦查，一方面建议公安机关围绕行为人是否明知自己患有艾滋病、是否明知被害人系不满十四周岁的幼女，以及被害人遭受性侵后身心状况等情况调查取证；另一方面，启动未成年人保护联动应急处置机制，协同公安机关和卫生健康部门对被害人开展艾滋病暴露后预防，指导被害人服用阻断药物。因阻断工作启动及时，取得较好效果，被害人在受到侵害后进行了三次艾滋病病毒抗体检测，均呈阴性。检察机关还会同公安机关全面了解被害人家庭情况，协调镇、村妇联、教育行政部门开展临时生活照料、情绪安抚、心理干预、法律援助、转学复课、家庭教育指导工作，并对被害人开展司法救助。

组织不公开听证。本案审查过程中，对于犯罪嫌疑人王某某的行为已构成强奸罪不存在争议，但对于能否适用《中华人民共和国刑法》第二百三十六条第三款第一项"奸淫幼女情节恶劣"存在认识分歧。为保护被害人隐私，2021年1月13日，县检察院组织召开不公开听证会，听取艾滋病防治专家、法学专家和未成年人保护单位等各方面意见。听证员认为，犯罪嫌疑人已经确诊为艾滋病病人，案发时处于发病期，其体内病毒载量高，传染性极强，给被害人带来了极大的感染风险。犯罪嫌疑人明知自己系艾滋病病人，性侵幼女，严重危及被害人身心健康，其社会危害性与《中华人民共和国刑法》第二百三十六条第三款第二项至五项规定的严重情形具有相当性。经评议，听证员一致认为本案应按照"奸淫幼女情节恶劣"论处。

指控和证明犯罪。某县人民检察院根据案件事实、证据并参考听证意见审查认为，王某某属奸淫幼女"情节恶劣"，决定以强奸罪提起公诉，综合王某某系累犯，以及具有进入未成年人住所、采取暴力手段、对农村留守儿童实施犯罪等司法解释性文件规定的从严惩处情节，提出判处有期徒刑十五年、剥夺政治权利五年的量刑建议。

2021年2月8日，某县人民法院依法不公开开庭审理本案。被告人王某某及其辩护人对检察机关指控的主要犯罪事实、证据无异议，但提出以下辩解及辩护意见：一是被告人的行为没有造成被害人感染艾滋病的后果，不应当认定为奸淫幼女情节恶劣的情形；二是被告人认罪认罚，建议从宽处理。

针对第一条辩解及辩护意见，公诉人答辩指出：本案适用的是《中华人民共和国刑法》第二百三十六条第三款第一项情节加重，而不是第五项结果加重。本案被告人的行为应当评价为"情节恶劣"，主要理由：一是王某某明知自己患有艾滋病，亦明知自己的行为可能导致的严重危害后果，仍强行与不满 14 周岁的幼女发生性关系，无视他人的健康权和生命权，其行为主观恶性大。二是不满十四周岁的幼女自我保护能力更弱，是刑法特殊保护对象。本案被害人是只有 13 周岁的幼女，被艾滋病病人王某某性侵，有可能因感染艾滋病导致身体健康终身受害，被告人王某某的行为造成艾滋病传播重大现实风险，犯罪性质恶劣，社会危害严重。三是虽然被害人目前未检出艾滋病病毒，但危害后果的阻断得益于司法机关和卫生健康部门的及时干预，不能因此减轻被告人的罪责。而且，由于检测窗口期和个体差异的存在，尚不能完全排除被害人感染艾滋病病毒的可能。这种不确定性将长期影响未成年被害人及其家人的生活。因此，应当认定被告人奸淫幼女"情节恶劣"。

针对第二条辩解及辩护意见，公诉人答辩指出：根据最高人民法院、最高人民检察院、公安部、国家安全部、司法部印发的《关于适用认罪认罚从宽制度的指导意见》，被告人认罪认罚后是否从宽，由司法机关根据案件具体情况决定。本案被告人王某某犯罪情节恶劣，社会危害严重，主观恶性大。且王某某系累犯，又有采取暴力手段奸淫幼女、对农村留守儿童实施犯罪等多项从严惩处情节，虽然认罪认罚，但根据其犯罪事实、性质、情节和影响，不属于《中华人民共和国刑事诉讼法》第十五条规定的"可以依法从宽处理"的情形。

处理结果。2021 年 2 月，某县人民法院采纳检察机关的公诉意见和量刑建议，以强奸罪判处王某某有期徒刑十五年，剥夺政治权利五年。判决宣告后，王某某未提出上诉，判决已生效。

制发检察建议。艾滋病病人或感染者性侵害犯罪案件，若不能及时发现和确认犯罪嫌疑人系艾滋病病人或感染者，并立即开展病毒阻断治疗，将给被害人带来感染艾滋病的极大风险。结合本案暴露出的问题，检察机关开展了专项调查，通过调阅本县 2017 年至 2020 年性侵案件犯罪嫌疑人第一次讯问、拘留入所体检等相关材料，以及到卫生健康部门、公安机关走访了解、查阅档案、询问相关人员、听取意见等，查明：按照《艾滋病防治条例》的规定，公安机关对依法拘留的艾滋病病人或感染者应当采取相应的防治措施防止艾滋病传播，卫生健康部门要对建档的艾滋病病人或感染者进行医学随访，对公安机关采取的防治措施应当予以配合。但实践中，犯罪嫌疑人一般不会主动告知被害人和公安机关自己系艾滋病病人或感染者，公安机关主要通过拘留入所体检才能发现犯罪嫌疑人系艾滋病病人或感染者。通过办案数据分析，拘留入所体检超过案发时间 24 小时的占比达 85.7%，这就势必会错失对被艾滋病病人或感染者性侵的被害人开展暴露后预防的 24 小时黄金时间。存在此问题的原因主要在于公安机关和卫生健康部门之间对案发后第一时间查明犯罪嫌疑人是否系艾滋病病人或感染者缺乏有效沟通核查机制,对性侵害被害人健康权、生命权保护存在安全漏洞。某县人民检察院随即向县公安局制发检察建议并抄送县卫生健康局,建议完善相关信息沟通核查机制,对性侵害案件犯罪嫌疑人应当第一时间开展艾滋病信息核查,对被害人开展艾滋病暴露后预防时间一般应当在案发后24小时之内。检察建议引起相关部门高度重视,县检察院会同县公安局、卫生健康局多次进行研究磋商,三部门联合制定《关于建立性侵害案件艾滋病信息核查制度的意见》,明确了对性侵害案件犯罪嫌疑人进行艾滋病信息核查的时间要求和方式、对被害人开展暴露后预防的用药时间,以及持续跟踪关爱保护未成年被害人等措施,切实预防艾滋病病毒通过性侵害等行为向被害人特别是未成年被害人传播。

【指导意义】

(1) 对于性侵害未成年人犯罪案件,检察机关受邀介入侦查时应当同步开展未成年被害人保护救助工作。性侵害未成年人案件存在发现难、取证难、危害大的特点,检察机关在受邀介入侦查时,应当建议侦查机关围绕犯罪嫌疑人主观恶性、作案手段、被害人遭受侵害后身心状况等进行全面取证。同时,建议或协同公安机关第一时间核查犯罪嫌疑人是否系艾滋病病人或感染者。确定犯罪嫌疑人系艾滋病病人或感染者的,应当立即协同公安机关和卫生健康部门开展艾滋病暴露后预防,切实保护未成年被害人健康权益。检察机关应当发挥未成年人检察社会支持体系作用,从介入侦查阶段就及时启动心理干预、司法救助、家庭教育指导等保护救助措施,尽可能将犯罪的伤害降至最低。

(2) 犯罪嫌疑人明知自己是艾滋病病人或感染者,奸淫幼女,造成艾滋病传播重大现实风险的,应当认定为奸淫幼女"情节恶劣"。行为人明知自己患有艾滋病或者感染艾滋病病毒,仍对幼女实施奸淫,放任艾滋病传播风险的发生,客观上极易造成被害人感染艾滋病的严重后果,主观上体现出行为人对幼女健康权、生命权的极度漠视,其社会危害程度与《中华人民共和国刑法》第二百三十六条第三款第二项至六项规定的情形具有相当性,应当依法认定为奸淫幼女"情节恶劣",适用十年以上有期徒刑、无期徒刑或者死刑的刑罚。对成年人性侵害未成年人犯罪,应综合考虑案件性质、主观恶性、具体情节、社会危害等因素,从严适用认罪认罚从宽制度。对于犯罪性质和危害后果严重、犯罪手段残忍、社会影响恶劣的,可依法不予从宽。

(3) 办理案件中发现未成年人保护工作机制存在漏洞的,应当着眼于最有利于未成年人原则和社会公共利益维护,推动相关领域制度机制完善。对于案件中暴露出的未成年人保护重大风险隐患,检察机关应当深入调查,针对性采取措施,促进相关制度和工作机制完善，促使职能部门更加积极有效依法履职尽责，推动形成损害修复与风险防控相结合，事前保护与事后救助相结合的未成年人综合保护模式。艾滋病暴露后预防有时间窗口，及时发现和确定性侵犯罪嫌疑人系艾滋病人或感染者是关键。办案机关同卫生健康部门之间建立顺畅有效的相关信息沟通核查机制是基础。检察机关针对这方面存在的机制漏洞，会同相关部门建章立制、完善制度措施，有利于最大化保护性侵害案件未成年被害人的生命健康权。

【相关规定】

《中华人民共和国刑法》（2020年修正）第二百三十六条

《中华人民共和国未成年人保护法》（2020年修订）第一百条

《艾滋病防治条例》（2019年修订）第三十一条

《关于依法惩治性侵害未成年人犯罪的意见》（2013年施行）第二十五条

《关于适用认罪认罚从宽制度的指导意见》（2019年施行）第五条

《人民检察院检察建议工作规定》（2019年施行）第十一条

第十一章
控告申诉检察

【学习目标】

掌握控告申诉检察的概念；

了解控告申诉检察的内容；

了解控告申诉检察的流程。

【重点和难点】

了解控告申诉案件受理范围；

了解国家赔偿的基本知识；

了解司法救助的基本知识。

第一节　控告申诉检察的概念与内涵

控告申诉检察部门是集控告申诉检察、刑事申诉检察等职能为一体的多职能内设机构。控告检察的主要任务是，处理来信来访，统一受理报案、控告、申诉和犯罪嫌疑人自首，办理有关控告案件，进行法律宣传和咨询活动，保护公民、法人及其他单位的合法权益，促进司法公正，维护社会稳定。

申诉案件受理范围：

（1）不服人民检察院不批准逮捕决定的申诉；

（2）不服人民检察院不起诉决定的申诉；

（3）不服人民检察院撤销案件决定的申诉；

（4）不服人民检察院其他处理决定的申诉；

（5）不服人民法院已执行完毕的刑事判决、裁定的申诉以及被害人不服人民法院已经发生法律效力且尚在执行中的刑事判决、裁定的申诉；

（6）被告人及其家属不服人民法院已经发生法律效力，尚在执行中的刑事判决、裁定的申诉；

（7）公民、法人或其他组织不服人民法院已经发生法律效力的民事、经济、行政案件的判决、裁定的申诉；

（8）被害人及其法定代理人或其近亲属提出的认为公安机关应当立案侦查而不立案侦查的申诉；

（9）赔偿请求人提出的认为人民检察院有侵权行为的赔偿申请。

控告申诉检察工作主要包括控告检察业务、刑事申诉检察业务、国家司法救助业务。控告检察：处理来信来访，统一受理报案、控告、申诉和犯罪嫌疑人投案自首，办理有关控告案件，进行法律宣传和咨询活动，保护公民、法人及其他单位的合法权益，促进司法公正，维护社会稳定。刑事申诉检察工作：依法处理有关刑事申诉、国家赔偿和国家司法救助案件，维护正确的决定、判决和裁定，纠正错误的决定、判决和裁定，保护申诉人、赔偿请求人、刑事被害人的合法权益，保障国家法律的统一正确实施。人民检察院国家司法救助工作，是人民检察院在办理案件过程中，对遭受犯罪侵害或者民事侵权，无法通过诉讼获得有效赔偿，生活面临急迫困难的当事人采取的辅助性救济措施①。

第二节　控告申诉检察的办案流程

1. 刑事申诉案件办理流程

刑事申诉案件办理流程如图 11-1 所示。

---

① 陈国庆，万春，孙长永. 控告申诉检察业务［M］. 北京：中国检察出版社，2022：1.

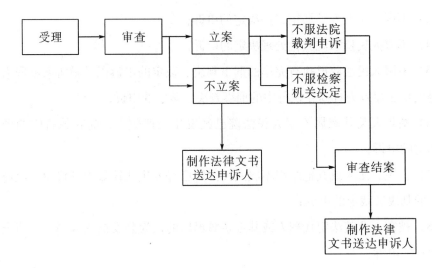

图 11-1　刑事申诉案件办理流程

2. 国家赔偿案件办理流程

国家赔偿案件办理流程如图 11-2 所示。

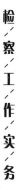
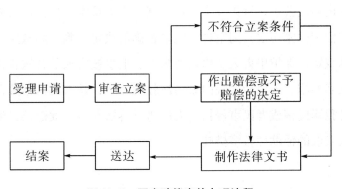

图 11-2　国家赔偿案件办理流程

3. 检察机关信访处理流程

检察机关信访处理流程如图 11-3 所示。

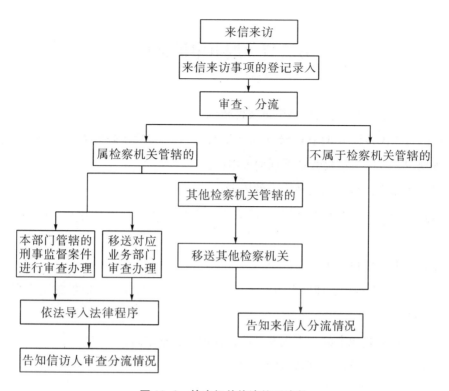

图 11-3 检察机关信访处理流程

169

4. 国家司法救助案件办理流程

国家司法救助案件办理流程如图 11-4 所示。

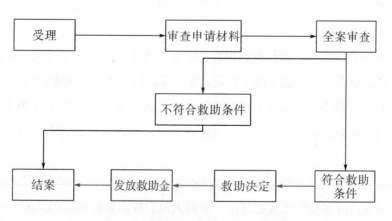

图 11-4 国家司法救助案件办理流程

第三节　刑事申诉案件

（一）人民检察院管辖刑事申诉案件范围

根据《人民检察院刑事诉讼规则（试行）》《人民检察院复查刑事申诉案件规定》等规定，人民检察院管辖下列刑事申诉：

（1）不服人民检察院处理决定的申诉；

（2）不服人民法院已经发生法律效力的刑事判决、裁定的申诉，另有规定的除外；

（3）不服公安机关不立案的申诉。

（二）人民检察院受理刑事申诉案件条件符合下列条件，人民检察院应当受理，另有规定的除外：

（1）申诉人是原案的当事人及其法定代理人、近亲属；

（2）属于人民检察院管辖范围；

（3）申诉材料齐备。

申诉人委托律师代理申诉，且符合上述条件的，应当受理。

（三）对下列申诉，人民检察院可以不再立案复查，直接答复申诉人

（1）经最高人民检察院审查或者复查作出结论的；

（2）申诉人的合理诉求已经依法处理但仍坚持申诉，所提出的要求不符合法律政策规定的；

（3）申诉人反映的问题经调查没有事实和法律依据，或者申诉人反映的问题已经依法处理，申诉人明确表示接受处理意见，又以同一事由重新申诉的；

（4）属于证据不足的案件，已经人民检察院依法复查，但限于客观条件，事实仍无法查清，证据仍无法达到确实、充分的要求，申诉人又不能提供新的事实或者证据的；

（5）对不服人民检察院诉讼终结的刑事处理决定的申诉，经两级人民检察院立案复查且采取公开审查形式复查终结，申诉人没有提出新的充足理由的；

（6）对不服人民法院已经发生法律效力的刑事判决、裁定的申诉，经两级人民检察院办理且省级人民检察院已经复查，又没有新的事实和理由的，但原审被告人可能被宣告无罪或者判决、裁定有其他重大错误可能的除外；

（7）对于要求人民检察院对公安机关实行刑事立案监督的控告或者申诉，同级

人民检察院侦查监督部门作出审查结论后，控告人、申诉人不服，向上级人民检察院控告、申诉的。

（四）向最高人民检察院申诉应提交的材料

不服人民检察院诉讼终结的刑事处理决定提出申诉需提交的材料

（1）申诉书。提出明确的申诉理由；

（2）不起诉决定书、不批准逮捕决定书、撤案决定书等人民检察院诉讼终结刑事处理决定的副本或者与原件核对无误的复印件；

（3）各级人民检察院作出的刑事申诉复查决定书或者刑事申诉审查结果通知书；

（4）以有新的证据证明原处理决定认定的事实确有错误为由申诉的，应当附有证据原件或者与原件核对无误的复印件；

（5）对于来访的申诉人，应当要求提交与原件核对无误的身份证明复印件；

（6）委托律师代理申诉的，应当提交与原件核对无误的律师执业证书复印件和律师事务所证明、授权委托书或者法律援助公函原件。

（五）不服人民法院已经发生法律效力的刑事判决、裁定提出申诉应当提交的材料

（1）申诉书。申诉人不具备书写能力而口头提出申诉的，应当制作笔录，并由申诉人签名或者捺指印；

（2）各级人民法院作出的判决书、裁定书副本或者与原件核对无误的复印件；人民法院对申诉人提出的申诉作过处理的，应当提交相应法律文书的副本或者与原件核对无误的复印件；

（3）各级人民检察院作出的刑事申诉复查通知书或者刑事申诉审查结果通知书；

（4）以有新的证据证明原判决、裁定认定的事实确有错误为由申诉的，应当附有证据原件或者与原件核对无误的复印件；

（5）对于来访的申诉人，应当提交与原件核对无误的身份证明复印件并提供有效的通信、通讯方式；

（6）委托律师代理申诉的，应当提交与原件核对无误的律师执业证书复印件和律师事务所证明、授权委托书或者法律援助公函原件。

第四节　民事申诉案件

根据《中华人民共和国民事诉讼法》《人民检察院民事诉讼监督规则（试行）》等规定，当事人向人民检察院申请民事诉讼监督应当注意以下事项：

（一）人民检察院受理民事诉讼监督案件范围

（1）已经发生法律效力的民事判决、裁定（仅限于不予受理裁定和驳回起诉裁定）、调解书，经当事人向人民法院提出再审申请，人民法院驳回再审申请，或者逾期未对再审申请作出裁定，或者法院决定再审后作出的再审判决、裁定有明显错误的；

（2）当事人认为民事审判程序中审判人员存在违法行为的；

（3）当事人认为人民法院民事执行活动存在违法情形的。

（二）人民检察院受理民事诉讼监督案件范围

（1）已经发生法律效力法院民事判决、裁定（仅限于不予受理裁定和驳回起诉裁定）、调解书，且经法院驳回再审申请，或者逾期未对再审申请作出裁定，或者法院决定再审后作出的再审判决、裁定有明显错误的；

（2）当事人认为人民法院民事审判程序中审判人员存在违法行为；

（3）当事人认为人民法院民事执行活动存在违法情形的。

（三）人民检察院不予受理民事诉讼监督申请的情形

（1）当事人未向人民法院申请再审的；

（2）当事人向人民法院申请再审超过法律规定期限的，包括人民法院以此为由裁定不予受理或者裁定驳回再审申请的情形；

（3）人民法院正在对民事再审申请进行审查的，但逾期未对再审申请作出裁定的除外；

（4）人民法院已经裁定再审且尚未审结的；

（5）判决、调解解除婚姻关系的，但对财产分割部分不服的除外；

（6）人民检察院已经审查终结作出决定的；

（7）民事判决、裁定、调解书是人民法院根据人民检察院的抗诉或者再审检察建议再审后作出的；

（8）当事人认为民事审判程序中审判人员存在违法行为或者民事执行活动存在违法情形，向人民检察院申请监督，有下列情形之一的，人民检察院不予受理：①

法律规定可以提出异议、申请复议或者提起诉讼，当事人没有提出异议、申请复议或者提起诉讼的，但有正当理由的除外；②当事人提出异议或者申请复议后，人民法院已经受理并正在审查处理的，但超过法定期间未作出处理的除外；

（9）对人民法院驳回再审申请的裁定不服，申请对该裁定进行监督；

（10）其他不应受理的情形。

（四）人民检察院受理民事诉讼监督案件坚持同级受理的原则

（1）当事人根据《中华人民共和国民事诉讼法》第二百零九条第一款的规定向人民检察院申请检察建议或者抗诉，由作出生效民事判决、裁定、调解书的人民法院所在地同级人民检察院控告检察部门受理；

（2）人民法院裁定驳回再审申请或者逾期未对再审申请作出裁定，当事人向人民检察院申请监督的，由作出原生效民事判决、裁定、调解书的人民法院所在地同级人民检察院控告检察部门受理；

（3）当事人认为民事审判程序中审判人员存在违法行为或者民事执行活动存在违法情形，向人民检察院申请监督的，由审理、执行案件的人民法院所在地同级人民检察院控告检察部门受理。

（五）申请民事诉讼监督应当提交的材料

监督申请书（根据当事人人数提交份数）。监督申请书应当记明下列事项：

（1）申请人的姓名、性别、年龄、民族、职业、工作单位、住所、有效联系方式，法人或者其他组织的名称、住所和法定代表人或者主要负责人的姓名、职务、有效联系方式；

（2）其他当事人的姓名、性别、工作单位、住所、有效联系方式等信息，法人或者其他组织的名称、住所、负责人、有效联系方式等信息；

（3）申请监督请求和所依据的事实与理由。

第五节 申请国家司法救助指南

根据《关于建立完善国家司法救助制度的意见（试行）》等规定，向检察机关申请国家司法救助应当注意以下事项：

（一）国家司法救助的范围

（1）刑事案件被害人受到犯罪侵害，致使重伤或严重残疾，因案件无法侦破造成生活困难的；或者因加害人死亡或没有赔偿能力，无法经过诉讼获得赔偿，造成

生活困难的;

（2）刑事案件被害人受到犯罪侵害危及生命，急需救治，无力承担医疗救治费用的;

（3）刑事案件被害人受到犯罪侵害而死亡，因案件无法侦破造成依靠其收入为主要生活来源的近亲属生活困难的;或者因为加害人死亡或者没有赔偿能力，依靠被害人收入为主要来源的近亲属无法经过诉讼获得赔偿，造成生活困难的;

（4）刑事案件被害人受到犯罪侵害，致使财产遭受重大损失，因案件无法侦破造成生活困难的;或者因加害人死亡或者没有赔偿能力，无法经过诉讼及时获得赔偿，造成生活困难的;

（5）举报人、证人、鉴定人因向检察机关举报、作证或者接受检察机关委托进行司法鉴定而受到打击报复，致使人身受到伤害或者财产受到重大损失，无法经过诉讼获得赔偿，造成生活困难的;

（6）对于道路交通事故等民事侵权行为造成人身伤害，无法经过诉讼获得赔偿，造成生活困难的;

（7）人民检察院根据案件实际情况，需要救助的其他人员。

（二）不予救助的情形

（1）对案件发生有重大过错的;

（2）无正当理由，拒绝配合查明犯罪事实的;

（3）故意作虚伪陈述或者伪造证据，妨碍刑事诉讼的;

（4）在诉讼中主动放弃民事赔偿请求或者拒绝加害责任人及其近亲属赔偿的;

（5）生活困难非案件原因所导致的;

（6）通过社会救助措施，已得到合理补偿、救助的。

（三）申请国家司法救助应当提交的材料

（1）申请书。列明申请人的身份、与刑事被害人（申请救助权利人）的关系、原案件简要案情、家庭生活困难情况等;

（2）身份证明材料。申请人为刑事被害人（申请救助权利人）本人的，提交身份证复印件;申请人为刑事被害人（申请救助权利人）近亲属的，提交与原件核对无误的身份证明复印件，须证明与刑事被害人（申请救助权利人）的近亲属关系;

（3）实际损害结果证明，包括被害人伤情鉴定意见、医疗诊断结论及医疗费用单据或者死亡证明，受不法侵害所致财产损失情况;

（4）生活困难的证明材料。包括申请人所在地民政部门出具的贫困证明、证明申请人生活困难的照片等;

（5）是否获得其他赔偿或者救助的证明材料；

（6）其他有关证明材料。

（四）其他注意事项

（1）申请国家司法救助不影响相关刑事申诉案件的办理；

（2）申请人所提交的申请材料不予退还，请自行留底；

（3）申请人应积极配合人民检察院调查核实情况，理性地表达诉求，通过合法程序维护权益。拒不配合人民检察院调查核实相关情况的，不予救助；

（4）伪造证明材料骗取司法救助金的，除追回已发放的救助金外，构成犯罪的，依法追究刑事责任；

（5）给予司法救助以一次为限，在其他司法机关办理案件过程中已经给予司法救助的，不予重复救助；

（6）对救助审批意见或者审批决定不服，提出申诉的，人民检察院不予受理。

第六节　人民检察院受理信访事项规定

根据《人民检察院信访工作规定》《人民检察院受理控告申诉依法导入法律程序实施办法》等规定，人民检察院受理以下信访事项：

（1）不服人民检察院处理决定的控告、申诉；

（2）反映公安机关侦查活动存在违法行为的控告、申诉；

（3）不服人民法院生效判决、裁定的申诉；

（4）反映判决、裁定的执行和监狱、看守所的活动存在违法行为的控告、申诉；

（5）属于检察机关管辖的举报；

（6）反映人民检察院工作人员违法违纪行为的控告；

（7）加强、改进检察工作和队伍建设的建议和意见；

（8）其他依法应当由人民检察院处理的信访事项。

属于以上受理范围，但其控告、申诉或者举报已依照《人民检察院刑事诉讼规则（试行）》《人民检察院复查刑事申诉案件规定》《人民检察院民事诉讼监督规则（试行）》等依法复查或者审查办理，或者已依法作出终结决定的，当事人就同一事实和理由继续控告申诉，除有法律规定的情形外，人民检察院不予受理。具有下列情形之一的，控告申诉人应当向公安机关提出，人民检察院不予受理：

（1）当事人和辩护人、诉讼代理人、利害关系人认为公安机关及其工作人员有《中华人民共和国刑事诉讼法》第一百一十五条规定的行为，未向办理案件的公安机关申诉或者控告，或者办理案件的公安机关在规定的时间内尚未作出处理决定，直接向人民检察院申诉的；

（2）被害人及其法定代理人、近亲属认为公安机关对其控告应当立案侦查而不立案侦查，向人民检察院提出，而公安机关尚未对刑事控告或报案作出不予立案决定的；

（3）控告人、申诉人对公安机关正在办理的刑事案件，对有关办案程序提出复议、复核，应当由公安机关处理的；

（4）对公安机关作出的行政处罚、行政许可、行政强制措施等决定不服，要求公安机关复议的；

（5）对公安机关作出的火灾、交通事故认定及委托鉴定等不服，要求公安机关复核或者重新鉴定的；

（6）因公安机关及其工作人员违法行使职权，造成损害，依法要求国家赔偿的；

（7）控告公安民警违纪的；

（8）其他属于公安机关职权范围的事项。

具有下列情形之一的，控告申诉人应当向人民法院提出，人民检察院不予受理：

（1）当事人和辩护人、诉讼代理人、利害关系人认为人民法院及其工作人员有《中华人民共和国刑事诉讼法》第一百一十七条规定的行为，未向办理案件的人民法院申诉或者控告，或者办理案件的人民法院在规定的时间内尚未作出处理决定，直接向人民检察院申诉的；

（2）当事人不服人民法院已经发生法律效力的民事判决、裁定和调解书，未向人民法院申请再审，或者人民法院在法定期限内正在对民事再审申请进行审查，以《中华人民共和国民事诉讼法》第二百零九条第一款规定为由直接向人民检察院申请监督的；

（3）当事人认为民事审判程序中审判人员存在违法行为或者民事执行活动存在违法情形，未依照法律规定提出异议、申请复议或者提起诉讼，且无正当理由，或者人民法院已经受理异议、复议申请，在法定期限内正在审查处理，直接向人民检察院申请监督的；

（4）控告法官违纪的；

（5）其他属于人民法院职权范围的事项。

【典型案例】

于某某申诉案①

（检例第 25 号）

【关键词】

刑事申诉 再审检察建议 改判无罪

【基本案情】

于某某，男，1962 年 3 月生。

1996 年 12 月 2 日，于某某的妻子韩某在家中被人杀害。安徽省蚌埠市中区公安分局侦查认为于某某有重大犯罪嫌疑，于 1996 年 12 月 12 日将其刑事拘留。1996 年 12 月 21 日，蚌埠市中市区（今蚌山区）人民检察院以于某某涉嫌故意杀人罪，将其批准逮捕。在侦查阶段的审讯中，于某某供认了杀害妻子的主要犯罪事实。蚌埠市中市区公安分局侦查终结后，移送蚌埠市中市区人民检察院审查起诉。蚌埠市中市区人民检察院审查后，依法移送蚌埠市人民检察院审查起诉。1997 年 12 月 24 日，蚌埠市人民检察院以涉嫌故意杀人罪对于某某提起公诉。蚌埠市中级人民法院一审判决认定以下事实：1996 年 12 月 1 日，于某某一家三口在逛商场时，韩某将 2 800 元现金交给于某某让其存入银行，但却不愿告诉这笔钱的来源，引起于某某的不满。12 月 2 日 7 时 20 分，于某某送其子去上学，回家后再次追问韩某 2 800 元现金是哪来的。因韩某坚持不愿说明来源，二人发生争吵厮打。厮打过程中，于某某见韩某声音越来越大，即恼羞成怒将其推倒在床上，然后从厨房拿了一根塑料绳，将韩某的双手拧到背后捆上。接着又用棉被盖住韩某头面部并隔着棉被用双手紧捂其口鼻，将其捂昏迷后匆忙离开现场到单位上班。约 9 时 50 分，于某某从单位返回家中，发现韩某已经死亡，便先解开捆绑韩某的塑料绳，用菜刀对韩某的颈部割了数刀，然后将其内衣向上推至胸部、将其外面穿的毛线衣拉平，并将尸体翻成俯卧状。接着又将屋内家具的柜门、抽屉拉开，将物品翻乱，造成家中被抢劫、韩某被奸杀的假象。临走时，于某某又将液化气打开并点燃一根蜡烛放在床头柜上的烟灰缸里，企图使液化气排放到一定程度，烛火引燃液化气，达到烧毁现场的目的。后因被及时发现而未引燃。经法医鉴定：死者韩某口、鼻腔受暴力作用，致机械性窒息死亡。

【诉讼过程】

1998 年 4 月 7 日，蚌埠市中级人民法院以故意杀人罪判处于某某死刑，缓期二

---

① 选自最高人民检察院第七批指导性案例，2016 年 5 月 31 日发布。

年执行。于某某不服，向安徽省高级人民法院提出上诉。

1998年9月14日，安徽省高级人民法院以原审判决认定于某某故意杀人的部分事实不清，证据不足为由，裁定撤销原判，发回重审。被害人韩某的父母提起附带民事诉讼。

1999年9月16日，蚌埠市中级人民法院以故意杀人罪判处于某某死刑，缓期二年执行。于某某不服，再次向安徽省高级人民法院提出上诉。

2000年5月15日，安徽省高级人民法院以原审判决事实不清，证据不足为由，裁定撤销原判，发回重审。

2000年10月25日，蚌埠市中级人民法院以故意杀人罪判处于某某无期徒刑。于某某不服，向安徽省高级人民法院提出上诉。2002年7月1日，安徽省高级人民法院裁定驳回上诉，维持原判。

2002年12月8日，于某某向安徽省高级人民法院提出申诉。2004年8月9日，安徽省高级人民法院驳回于某某的申诉。后于某某向安徽省人民检察院提出申诉。

安徽省人民检察院经复查，提请最高人民检察院按照审判监督程序提出抗诉。最高人民检察院经审查，于2013年5月24日向最高人民法院提出再审检察建议。

【建议再审理由】

最高人民检察院审查认为，原审判决、裁定认定于某某故意杀人的事实不清，证据不足，案件存在的矛盾和疑点无法得到合理排除，案件事实结论不具有唯一性。

一、原审判决认定事实的证据不确实、不充分。一是根据安徽省人民检察院复查调取的公安机关侦查内卷中的手写"现场手印检验报告"及其他相关证据，能够证实现场存在的2枚指纹不是于某某及其家人所留，但侦查机关并未将该情况写入检验报告。原审判决依据该"现场手印检验报告"得出"没有发现外人进入现场的痕迹"的结论与客观事实不符。二是关于于某某送孩子上学以及到单位上班的时间，缺少明确证据支持，且证人证言之间存在矛盾。原审判决认定于某某9时50分回家伪造现场，10时20分回到单位，而于某某辩解其在10时左右回到单位，后接到传呼并用办公室电话回此传呼，并在侦查阶段将传呼机提交侦查机关。安徽省人民检察院复查及最高人民检察院审查时，相关人员证实侦查机关曾对有关人员及传呼机信息问题进行了调查，并调取了通话记录，但案卷中并没有相关调查材料及通话记录，于某某关于在10时左右回到单位的辩解不能合理排除。因此依据现有证据，原审判决认定于某某具有20分钟作案时间和30分钟伪造现场时间的证据不足。

二、原审判决定罪的主要证据之间存在矛盾。原审判决认定于某某有罪的证据主要是现场勘查笔录、尸检报告以及于某某曾作过的有罪供述。而于某某在侦查阶段虽曾作过有罪供述，但其有罪供述不稳定，时供时翻，供述前后矛盾。且其有罪供述与现场勘查笔录、尸检报告等证据亦存在诸多不一致的地方，如于某某曾作有罪供述中有关菜刀放置的位置、拽断电话线、用于点燃蜡烛的火柴梗丢弃在现场以及与被害人发生性行为等情节与现场勘查笔录、尸检报告等证据均存在矛盾。

三、原审判决认定于某某故意杀人的结论不具有唯一性。根据从公安机关侦查内卷中调取的手写"手印检验报告"以及DNA鉴定意见，现场提取到外来指纹，被害人阴道提取的精子也不是于某某的精子，因此存在其他人作案的可能。同时，根据侦查机关蜡烛燃烧试验反映的情况，该案存在杀害被害人并伪造现场均在8时之前完成的可能。原审判决认定于某某故意杀害韩某的证据未形成完整的证据链，认定的事实不能排除合理怀疑。

【案件结果】

2013年6月6日，最高人民法院将最高人民检察院再审检察建议转安徽省高级人民法院。2013年6月27日，安徽省高级人民法院对该案决定再审。2013年8月5日，安徽省高级人民法院不公开开庭审理了该案。安徽省高级人民法院审理认为，原判决、裁定根据于某某的有罪供述、现场勘查笔录、尸体检验报告、刑事科学技术鉴定、证人证言等证据，认定原审被告人于某某杀害了韩某。但于某某供述中部分情节与现场勘查笔录、尸体检验报告、刑事科学技术鉴定等证据存在矛盾，且韩某阴道擦拭纱布及三角内裤上的精子经DNA鉴定不是于某某的，安徽省人民检察院提供的侦查人员从现场提取的没有比对结果的他人指纹等证据没有得到合理排除，因此原审判决、裁定认定于某某犯故意杀人罪的事实不清、证据不足，指控的犯罪不能成立。2013年8月8日，安徽省高级人民法院作出再审判决：撤销原审判决裁定，原审被告人于某某无罪。

【要旨】

坚守防止冤假错案底线，是保障社会公平正义的重要方面。检察机关既要依法监督纠正确有错误的生效刑事裁判，又要注意在审查逮捕、审查起诉等环节有效发挥监督制约作用，努力从源头上防止冤假错案发生。在监督纠正冤错案件方面，要严格把握纠错标准，对于被告人供述反复，有罪供述前后矛盾，且有罪供述的关键情节与其他在案证据存在无法排除的重大矛盾，不能排除有其他人作案可能的，应当依法进行监督。

【指导意义】

（1）对案件事实结论应当坚持"唯一性"证明标准。刑事诉讼法第一百九十五条第一项规定："案件事实清楚，证据确实、充分，依据法律认定被告人有罪的，应当作出有罪判决。"刑事诉讼法第五十三条第二款对于认定"证据确实、充分"的条件进行了规定:"(一)定罪量刑的事实都有证据证明;(二)据以定案的证据均经法定程序查证属实;(三)综合全案证据,对所认定的案件事实已排除合理怀疑。"排除合理怀疑,要求对于认定的案件事实,从证据角度已经没有符合常理的、有根据的怀疑,特别在是否存在犯罪事实和被告人是否实施了犯罪等关键问题上,确信证据指向的案件结论具有唯一性。只有坚持对案件事实结论的唯一性标准,才能够保证裁判认定的案件事实与客观事实相符,最大限度避免冤假错案的发生。

(2)坚持全面收集证据,严格把握纠错标准。在复查刑事申诉案件过程中,除全面审查原有证据外,还应当注意补充收集、调取能够证实被告人有罪或者无罪、犯罪情节轻重的新证据,通过正向肯定与反向否定,检验原审裁判是否做到案件事实清楚,证据确实、充分。要坚持疑罪从无原则,严格把握纠错标准,对于被告人有罪供述出现反复且前后矛盾,关键情节与其他在案证据存在无法排除的重大矛盾,不能排除有其他人作案可能的,应当认为认定主要案件事实的结论不具有唯一性。人民法院据此判决被告人有罪的,人民检察院应当按照审判监督程序向人民法院提出抗诉,或者向同级人民法院提出再审检察建议。

【相关规定】

《中华人民共和国刑事诉讼法》第五十三条、第二百四十二条、第二百四十三条